四川西北高原
沙化土地特征与治理技术研究

兰立达　刘　朔　蔡凡隆◎著

西南财经大学出版社
Southwestern University of Finance & Economics Press
中国·成都

图书在版编目(CIP)数据

四川西北高原沙化土地特征与治理技术研究 / 兰立达,刘朔,蔡凡隆著．—成都:西南财经大学出版社,2018.12

ISBN 978-7-5504-0194-5

Ⅰ.①四…　Ⅱ.①兰…②刘…③蔡…　Ⅲ.①川西高原—土地荒漠化　Ⅳ.①F301.24

中国版本图书馆 CIP 数据核字(2018)第 290747 号

四川西北高原沙化土地特征与治理技术研究

兰立达　刘朔　蔡凡隆　著

责任编辑:汪涌波

封面设计:何东琳设计工作室

责任印制:朱曼丽

出版发行	西南财经大学出版社(四川省成都市光华村街 55 号)
网　　址	http://www.bookcj.com
电子邮件	bookcj@foxmail.com
邮政编码	610074
电　　话	028-87352211　87352368
照　　排	四川胜翔数码印务设计有限公司
印　　刷	成都金龙印务有限责任公司
成品尺寸	185mm×260mm
印　　张	8.75
字　　数	202 千字
版　　次	2018 年 12 月第 1 版
印　　次	2018 年 12 月第 1 次印刷
书　　号	ISBN 978-7-5504-0194-5
定　　价	78.00 元

前　言

沙化是地表出现风沙活动，土地生产力下降，土地退化的过程。沙化土地是指在各种气候条件下，由于各种因素形成的地表呈现以沙（砾）物质为主要标志的退化土地。其称谓完全是为了避免学术纷争而又能在工作中应用的目的而产生的，如沙漠化、风沙化、荒漠化土地等。土地沙化，不仅加剧水土流失，恶化生态环境，引发沙尘暴等自然灾害，压缩当地居民的生存与发展空间，也严重制约区域经济社会的发展，对国土生态安全和生态文明建设构成严重威胁。

荒漠化是当前全球广泛关注的重大问题之一。全球荒漠化土地达 3 600 万平方千米，占地球陆地面积的 1/4，相当于俄罗斯、加拿大、中国和美国国土面积的总和，且荒漠化还在以每年 5 万~7 万平方千米的速度扩张，威胁着世界上 1/5 的人口（Reynolds et al.，2007）。荒漠化也是我国目前最为严重的生态问题，也是我国生态建设的重点和难点。根据第五次全国荒漠化和沙化状况公报，截至 2014 年年底，我国荒漠化土地面积 261.16 万平方千米，占国土总面积的 27.20%；沙化土地面积 172.12 万平方千米，占国土总面积的 17.93%。监测结果显示，当前土地荒漠化和沙化状况较 2009 年有明显好转，呈现整体遏制、持续缩减、功能增强、成效明显的良好态势。

四川地处长江、黄河上游，地形地貌及气候类型复杂多样，既是全国生态建设的核心区、生物多样性富集区和长江上游重点水源涵养区，也是典型的生态脆弱区。川西北高原位于青藏高原东南缘，是长江、黄河两大母亲河的重要水源涵养地。据第五次沙化土地监测报告，川西北高原 16 个县沙化土地面积 69.42 万公顷，占全省沙化土地面积的 80.4%，是全省沙化土地集中分布区。

四川省委、省政府历来高度重视沙化监测和治理工作。从 1994 年开始，全省每 5 年开展一次沙化监测，到 2014 年已连续开展了 5 次；2005 年，在若尔盖县启动了全国防沙治沙综合示范区建设；2007—2012 年，先后在理塘县、石渠县、色达县、稻城县、若尔盖县、红原县、阿坝县、壤塘县8县启动防沙治沙示范基地建设；2013年，川西藏区生态保护与建设工程启动后，又在石渠县、理塘县、德格县、甘孜县等实施沙化土地治理；2014年，在若尔盖县、理塘县、石渠县等又启动实施省级防沙治沙试点示范成果巩固建设，这些防沙治沙试点示范建设为沙化土地治理积累了宝贵经验。

本书运用四川连续5次沙化监测的翔实数据（信息），系统全面地分析了川西北高原沙化土地的现状和特征，构建了川西北高原沙化土地立地分类系统；结合川西北高原沙化土地的立地现状、治理模式技术的典型调查和实践经验，筛选出适用于川西北高原沙化土地治理常用的树（草）种27个，建立技术措施配套的沙化土地治理典型模型24个。本书不仅能为川西北高原沙化土地治理提供技术支撑，也能为其他沙化土地生态脆弱区综合治理提供借鉴。

由于我们水平有限，文中错误或疏漏之处在所难免，敬请广大读者不吝批评指正。

编者

2018年6月

目　录

1 概论

1.1 研究背景

1.1.1 沙化概念

随着人类对自身赖以生存的环境日益重视，涉及各种环境问题的报道也日益增多。特别是2000年北京连续经历了多次沙尘暴之后，“荒漠”“沙漠”“荒漠化”“沙漠化”“风沙化”“沙化”等用语常见于各种传媒的宣传报道中。

1.1.1.1 荒漠、荒漠化

“荒漠”意为荒凉之地，指气候干旱、降水稀少且多变，植被稀疏低矮或缺乏，土地贫瘠的自然地带。荒漠有石质、砾质和沙质之分，北方称石质、砾质的荒漠土地为戈壁。“荒漠”一词很早就为人类所使用，唐薛收《元经传·晋永和二年》：“臣霄吟荒漠，痛心长路”，《东周列国志》第一百零六回：“太子丹曰：之计，旷日弥久。丹心如焚炙，不能须臾安息。况樊将军穷困来归，是丹哀怜之交也。丹岂以强秦之故，而远弃樊将军于荒漠？丹有死，不能矣。愿太傅更为丹虑之！”

“荒漠化”一词则最早是在1949年由法国植物学家、生态学家A. Aubreville在《热带非洲的气候、森林和荒漠化》一书中提出的，他用这一术语来描述非洲热带森林被砍伐与火烧后向热带草原转变并最终演变成荒漠景观的过程，他把这种环境退化过程称为“荒漠化”。在20世纪60年代末期至70年代初期，西非和北非发生的连续干旱导致萨赫勒地区土地荒漠化加速，荒漠化成为一个严重的问题，引起了国际社会的广泛关注。各国学者从研究和防治荒漠化的需要出发，提出了荒漠化的许多定义。1968年，法国植物学家、草原学家H. N. Le Houerou认为，荒漠化是典型的荒漠景观和荒漠地貌向干旱区四周扩展。1977年在肯尼亚召开的联合国荒漠化大会（UNCOD）把“荒漠化”定义为：“荒漠化是土地生产潜力的降低和破坏，最终导致出现类似荒漠的景观，是生态系统的退化过程。”1990年内罗毕会议把“荒漠化”定义为：“荒漠化系指干旱区、半干旱区和干旱亚湿润区，由于人类不合理的活动造成土地退化的过程。”1992年2月里约热内卢环境和发展大会（UNCED）把“荒漠化”定义为：“干旱区、半干旱区和干旱亚湿润区的土地退化过程。”1994 年 10 月，世界各国政府代表在巴黎签署了《联合国关于在发生严重干旱和/或荒漠化的国家特别是在非洲防治荒漠化的公约》。在该公约中，“荒漠化”被统一定义为：“荒漠化系指包括气候变化和人类活动在内的种种因素造成的干旱（arid）、半干旱（semi-arid）和干旱亚湿润（dry subhumid）地区的土地退化。”这一定义包含三层内容，一是荒漠化发生的原因，包括了气候变化和人类活动在内的各种因素，即自然因素和人类活动因素；二是荒漠化发生在特定区域，即干旱、半干旱和干旱亚湿润区；三是荒漠化的实质是土地退化，土地生产潜力下降（衰退），可利用土地资源的丧失。我国学者朱震达认为，“土地荒漠化”是在脆弱生态条件下由于人类强度活动、经济开发、资源利用与环境不协调时出现的类似荒漠景观的土地生产力下降的环境退化过程。

在“荒漠化”一词出现后的近 40 年里，不同的学者又提出诸如 desertizication、aridification、sahelisation、desert encroachent、desert expanding 等词来描述在干旱、半干旱地区由于人类活动或者气候变化影响导致的与荒漠环境的扩展过程相类似的现象。这些词被赋予的内涵和创立者的用词环境虽有不同，但它们都有部分相同之意。1997 年联合国荒漠化大会（UNCOD）统一使用的“desertification”一词，已经成为国际公约中应用的一个正式词语。

一般认为，包括大风吹蚀、盐渍化、流水侵蚀、草场退化、植被荒漠化、土壤沙化、沙丘前移入侵等造成的土壤生产力下降或丧失都可称为荒漠化。

1.1.1.2　沙漠、沙漠化

“沙漠”（desert）古时亦作“沙幕”，是指地表完全为沙所覆盖，干旱缺水、植物稀少、沙质荒漠的土地。“沙漠”一词也很早为人类所使用，三国时魏国诗人阮籍《为郑冲劝晋王笺》：“前者明公西征灵州，北临沙漠，榆中以西，望风震服，羌戎东驰，回首内向。”北周庾信《周柱国大将军纥于弘神道碑》：“祁连犹远，即受冠军之侯；沙幕未开，元置长平之府。”唐朝诗人李白《赠何七判官昌浩》诗：“羞作济南生，九十诵古文。不然拂剑起，沙漠收奇勋。”

“沙漠化”来源于“desertification”一词。朱震达等借鉴“desertification”一词，根据我国国情提出了沙漠化的概念。1989 年，朱震达把“沙漠化”定义为：“沙漠化是沙质荒漠化的简称，其含义可简单概括为在干旱、半干旱（包括部分半湿润）地区的脆弱生态环境条件下由于人类过度活动，破坏了生态平衡，使原非沙漠地区出现了风沙活动为主要特征的类似沙质荒漠环境的退化。”1994 年，朱震达又把“干旱多风的沙质地表条件下，由于人类强度活动破坏脆弱生态平衡，造成地表出现以风沙活动为主要标志的土地退化过程”称为沙质荒漠化（简称沙漠化）。1988 年，董光荣等为了避免因表达复杂而引起争论，将“沙漠化”定义为“原非沙漠地区出现以风沙活动为主要标志的类似沙漠景观的环境变化过程”。1991 年，吴正通过对沙漠化发生地点、时间和成因的讨论，认为沙漠化是“干旱、半干旱和部分半湿润地区，由于自然因素或受人类活动的影响，破坏了自然生态系统的脆弱平衡，使原非沙漠地区出现了以风沙活动为主要标志的类似沙漠景观的环境变化过程，以及在沙漠地区发生的沙漠环境条件的强化与扩张过程”。简言之，沙漠化就是沙漠的形成和扩张过程。2010 年，李森等在借鉴联合国荒漠化定义的基础上，提出“由于气候变化和人类活动等因素，造成干旱、半干旱区及部分半湿润区出现以风沙活动为主要标志的土地退化过程，其中包括地表风蚀、风沙流、流沙堆与沙丘前移等一系列过程。受到这一过程影响的土地称之为沙漠化土地”。上述关于沙漠化的不同的定义，反映了持不同观点的学者对沙漠化的发生时间与空间尺度、沙漠化形成原因等方面认识的差异（董玉祥等，1995；李森等，2011a）。

准确地说，“荒漠化”“沙漠化”都来自“desertification”，如何翻译成英文是另一个问题。现在与沙漠化相对应的英文译法有“desertification”“deserzation”“sandy desertification”等。从“desert”一词来看，本身有“沙漠、荒漠、荒地”之意，又有广义和狭义之分。

1.1.1.3 风沙化

风沙化（wind desertion）是指湿润区和部分半湿润区的沙质干河床、海滨沙地等因风力作用产生风沙活动并出现类似沙漠化地区的沙丘起伏地貌景观的过程。

风沙化和沙漠化的区别在于沙漠化是发生在干旱、半干旱和部分半湿润地区的沙质荒漠化的过程，一般面积比较大，对土地和环境的破坏比较严重；风沙化则是发生在湿润、半湿润地区的沙漠化现象，一般面积比较小，分布零散，对土地和环境的破坏比较轻。

1.1.1.4 沙化

“沙化”一词是伴随着我国沙漠化理论研究和防沙治沙工作实践而产生的。我国长期以来以沙质荒漠化为主要研究对象。伴随着我国北方防沙治沙研究及北方干旱地区自然资源的开发利用，经历了近 60 年的探索历程，我国科学家对有关沙漠化环境背景、沙漠化物理学与生物学、沙漠化监测与评价、沙漠化景观生态学、沙漠化的植被逆境生理学、沙漠化地区水土资源高效利用与可持续发展、沙漠化整治模式与技术体系等领域开展了广泛深入的研究，取得了许多有价值的成果。但是在我国的沙漠防治工作实践中，确定沙漠化、风沙化土地等学术界术语难以落实到具体地表（地块），因为首先要确定气候区，为避免学术纷争而又能在工作中应用的目的，逐渐使用“沙化”一词，该词可泛指任何地区的土地沙化。在《中国荒漠化报告》中直接使用了“沙化”这个概念。

我国《防沙治沙技术规范》把“沙化”（sandification）定义为：“在各种气候条件下，由于多种原因形成地表呈现以沙（砾）物质为主要特征的土地退化过程。”沙化土地（sandifiedland）则指具有明显沙化特征的退化土地。“沙化”完全回避了干旱、半干旱、半湿润、湿润等气候区的概念。

1.1.2 国内外沙化土地治理研究现状

1.1.2.1 国外沙化土地治理研究进展

日益严重的沙化使人们对沙化土地治理重要性的认识不断提高，多年来世界各国不断努力与沙化做斗争。早在20世纪六七十年代，联合国西非办事处就曾为西非地区20多个国家协调抗旱工作；1985年“农业发展国际基金”为遭受特大旱灾的撒哈拉以南国家制订了特别抗灾计划，投资5亿美元，援助45个项目；1992年在里约热内卢召开了主题为“全球环境与发展”的世界首脑会议，着重讨论了沙化的影响问题，要求联合国建立一个抗沙漠化的国际机构；1994年6月17日巴黎会议上通过了“联合国抗沙漠化公约”，到1995年5月已有105个国家成为该公约的签约国（UNCCD）。从1997年起，UNCCD签约国每年召开一次大会，就全球防沙治沙制订行动计划，并号召缔约国对其沙化进行综合治理，收到了较好效果。但就全球而论，由于沙化严重的国家大都是缺乏资金的发展中国家，又未得到有力的国际援助，所以扼制全球沙化蔓延的努力未取得明显成效。

世界各国都高度重视沙化的防治问题，采取了许多措施，开展了大规模的治理。如针对1934年的特大黑风暴，美国在1935年由罗斯福下令制订《大平原各州林业工程》，8年共营造防护林带28 962千米，保护农田162万公顷，截至1992年年底，美国人工防护林带总长度16万千米，面积65万公顷。德国1965年开始大规模兴建海岸防风固沙林等林业生态工程，号召回归自然，造林款由国家补贴（阔叶树补贴85%，针叶树补贴15%），免征林业产品税，只征5%的特产税（低于农业的8%），国有林经营费用的40%~60%由政府拨款。北非5国阿尔及利亚、摩洛哥、突尼斯、利比亚、埃及建设跨国林业生态工程“绿色带”，营造一条横贯北非国家的绿色植物带，以阻止撒哈拉沙漠的进一步扩展或土地沙化，规划在东西长1 500千米、南北宽20~40千米的范围内营造各种防护林300万公顷。澳大利亚干旱半干旱土地面积占75%，其中沙漠面积269万平方千米，占国土面积的35%，属热带沙漠。为此，澳大利亚对沙化区基本上实行以保护为主的管理办法，对大范围雨后或季节性的植被生长状况用气象卫星数据进行沙化监测，政府每年投资18亿澳元开展水、土和生物多样性保护项目建设，如建立示范区、沙漠公园、轮牧、控制农户最大放牧量、发展灌木林、农民教育培训等活动，由于人少地多等原因，荒漠植被保护良好。日本在3 335公顷的沙岸宜林地上营造150~250米宽的海岸防护林，先设置植物沙障固定流沙，形成防护林后再对沙丘内侧进行开发利用。肯尼亚在半干旱沙漠区域治理项目中，选用乡土树固定沙丘，这一方法取得了一定的成效。印度采用工程措施截留雨水和生物措施相结合的方式来治理因人为滥采而导致的土地沙化，成效明显。这些国家的土地沙化治理都取得了比较好的效果，也积累了许多先进成熟的治理技术和经验。

1.1.2.2 国内沙化土地治理研究

(1) 基础理论研究

①小尺度沙化土地综合整治理论

小尺度沙化土地综合治理理论以具体的沙丘地块治理为研究重点，如毛乌素沙地的“三圈”模式，科尔沁沙地的“小生物圈”模式。这些模式实际上是根据圈层理论而建立的。在水分条件较好的丘间地（滩地）建立灌溉设施和园田，使之形成高产高效的农、林、牧、果、药体系。在水分条件较差的滩地与高大沙丘之间的过渡地带，通过围栏和径流集水，发展经济林木和半人工草地，边缘建设防护林。在自然条件恶劣的外围高大流动沙丘，通过封育、人工补植等措施，促进天然植被的恢复。

②中尺度沙化土地综合整治理论

中尺度沙化土地综合治理理论以绿洲为研究重点。在干旱区，由于河流、泉水等因素引起局部水分条件改善，导致植被空间格局异于当地气候，形成绿洲。在自然状态下，绿洲与荒漠相互转化，通常受水分条件所调节。绿洲是经济活动中心，其干物质产量远高于最外围自然荒漠区天然植被的产量。绿洲与荒漠间的过渡区属生态脆弱带，常因人为活动影响出现生态断裂带，即出现比自然沙漠化植被更为退化的、非自然状态的景观。绿洲农业防护林体系的建立是绿洲沙漠化综合整治的最重要组成部分，其原则是分层设防，充分有效地发挥综合防治的作用。它包括：在绿洲外围的流动沙丘上设置各种工程措施（视需要而定），阻止和固定流沙；在沙漠前沿地段，建立宽阔的封沙育草带；带后营造高耸的防风阻沙林带；绿洲农田内建立纵横交错的护田林网。

③大尺度沙化土地综合整治理论

大尺度沙化土地综合治理理论以流域为研究重点。以小流域为单元进行沙化治理，是中国近50年得出的基本经验。小流域是具有相对独立水系，地形上包括坡面与沟谷的完整地域单元。因此，沙化治理应采取综合治理路线，建立综合防护体系。综合防护体系主要包括3个方面：一是工程技术，包括坡面治理工程、坡地梯田工程、沟谷固定工程、蓄水灌溉工程、泥石流清排；二是生物工程技术，包括坡面林业工程、坡面草场工程、沟道防护工程；三是农业工程技术，包括等高耕作技术、提高坡面抗蚀能力技术。

(2) 技术实践研究

我国是世界上受沙害严重的国家之一。根据第五次全国荒漠化和沙化土地监测，全国沙化土地面积172.12万平方千米，占国土陆地面积的1/6以上。主要分布在我国北方干旱、半干旱和部分半湿润地区。我国沙化土地以草地沙化为主，有关沙化草地治理技术主要集中体现在以下三方面：

①草场围封技术

草场围封对退化草场恢复效果显著，雷虹等对科尔沁草原的研究证明，围封育草加快了卓地恢复，加速了草地植物的正向演替速度，对干草产量、牧草高度、盖度、0~60厘米地下根量都有显著增加作用。聂素梅等采取松土、围封结合的方式，对达茂旗退化草原草场和荒漠化草场进行研究，证明松土、围封使植物群落发生变化，植被的高度、盖度、密度均有所增加。吴德东等在辽宁的研究表明，围封育草能显著增加牧草的产量，加快草地植被恢复，改善牧草质量，对提高多年生禾本科和多年生豆科牧草的产量效果明显。韩建国等在河北北部低山丘陵地区的研究也表明，围封2年后，牧草群落产量有明显提高，退化之前占优势而退化之后占劣势的牧草种类明显增加。

②机械沙障固沙

沙障固沙，就是用障碍物固定流沙，它也称为机械沙障固沙。它的作用原理是采用柴、草、树枝、粘土、卵石、板条等材料，在沙面上设置各种形式的障碍物，以此控制风沙流动的方向、速度，达到防风阻沙、固沙目的。机械沙障主要目的为固定和治理流动沙丘，遏制流动沙丘向草原的侵蚀，同时结合引种固沙植物等措施，改善流动沙丘植被覆盖状况，促进植被恢复，达到彻底治沙的目的。沙障应用多为就地取材，目前，我国草场治理采用的沙障主要为草方格沙障、花棒沙障、黄柳、沙柳沙障、土壤凝结剂沙障、沙袋沙障、土方格等。

③人工植被恢复技术

人工植被恢复包括栽种柽柳、梭梭、沙棘、黄柳等固沙植物与人工种草，栽种固沙植物主要用于治理固定、半固定沙丘，人工种草主要用于恢复退化草甸草原。人工植被恢复优点有：植被覆盖度的增加，可增加地表粗糙度，降低近地面风速，减少风沙流对地表的风蚀，同时可以改善植被覆盖地段地上、地下的生态环境条件，有利于多种生物的活动和繁衍，增加土壤有机质含量，改善土壤肥力，增加地表物质的胶结性。

1.1.2.3 川西北沙化土地治理研究

川西北沙化土地治理研究工作起步较晚，20世纪80年代曾经在重点沙化区开展过一些小规模的沙化土地治理试验研究。21世纪以来，川西北地区沙化日趋严峻，受到社会各界的广泛关注。2007年以来，四川省组织开展了川西北地区沙化科学考察、编制了川西北防沙治沙工程规划，启动实施了川西北防沙治沙省级试点工程。总的来看，针对川西北沙化土地治理技术的研究还很少，已开展的研究如下：

自1994年开始，四川省林业调查规划院每5年开展一次川西北沙化监测工作，至今已开展了5次。沙化监测的主要任务是定期提供县级以上各级行政区域的沙化土地分布、面积和动态变化情况；分析自然和经济社会因素对沙化土地发生、发展的影响，对土地沙化状况、危害及治理效果进行分析评价，提出防沙治沙的对策与建议，为各级政府宏观决策提供服务。通过持续监测，明确了不同区域内川西北沙化成因特征及治理对策。2012年课题组开展了川西北沙化特征研究，对川西北部分典型沙化县进行了详细的沙化本底调查，掌握了川西北沙地植被和土壤特征。自20世纪90年代以来，课题组先后承担了川西北高原若尔盖县、石渠县的全国防沙治沙综合示范区工程作业设计，若尔盖县、石渠县、理塘县、红原县省级防沙治沙试点示范工程作业设计，以及省级防沙治沙试点示范工程成果巩固作业设计、川西藏区生态保护与建设沙化土地治理工程可行性研究和作业设计，在不断的实践中积累丰富了沙化治理应用技术，并开展了川西北沙化治理现状及治理区划研究，总结出了主要的治沙材料和典型治沙模式。

四川的科研单位在川西北地区主要开展的是以草、灌为主的植物治沙材料试验研究。四川省草原科学研究院通过对当地适生灌草及经济植物的筛选，选育出适合退化草地及沙化草地种植的阿坝硬秆仲彬草、川草“1号”、川草“2号”、老芒麦、披碱草、冰草、燕麦、黑麦草8种牧草。四川省林科院在若尔盖县开展了引种桑树的试验，结果表明4个桑树种基本能适应川西北高寒区的立地条件。王岩春对川西北围栏草地植被恢复效果的研究表明，围栏后物种多样性提高，表现为：休牧>禁牧>对照；地上生物量平均比对照高出50.36%~88.77%；草群高度比对照平均高出36.79%~76.98%；禁牧和休牧草地总盖度分别比对照提高了11.49%~17.28%，草地质量明显提高，优良牧草开始增多，而毒杂草的种类和数量开始减少。

1.1.3 研究的意义

四川西北地处青藏高原东南缘、横断山北段，是长江、黄河上游两大母亲河的重要水源涵养地，享有“中华民族水塔”之誉，是国家重点生态功能区之一，生态区位极其重要，其土地沙化造成的危害和影响已受到国家及全社会的广泛关注。据《第五次全国荒漠化和沙化状况公报》，截至2014年年底，我国荒漠化土地面积261.16万平方千米，占国土总面积的27.20%；沙化土地面积172.12万公顷，占国土总面积的17.93%。监测结果显示，当前土地荒漠化和沙化状况较2009年有明显好转，呈现整体遏制、持续缩减、功能增强、成效明显的良好态势。

川西北是我国第二大藏区、第五大牧区，当地群众主要以牧业为主。四川第五次荒漠化和沙化监测结果显示，川西北高原16个县沙化土地面积69.42万公顷，占全省沙化土地面积的80.4%。土地沙化引起生态环境恶化，水土流失严重，涵养水源能力下降，沙进草退，草场逐步减少，当地藏族群众生存和发展空间被压缩，已经影响到藏区的经济社会健康发展和社会稳定。而且，由于区位的独特性，区域海拔高、地质复杂、气候条件恶劣、生态环境脆弱，一旦土地大面积沙化，不但难以逆转，而且在风力的作用下，沙尘向更宽、更远的范围输送，区域生态安全日益受到威胁。

党的十八大把生态文明建设纳入了中国特色社会主义事业“五位一体”的总体布局中，把生态文明建设放在突出地位，融入经济建设、政治建设、文化建设、社会建设各个方面和全过程。2014年2月10日中共四川省委十届四次会议决定指出：要加强川西藏区沙化土地、严重退化湿地、岩溶地区石漠化土地、汶川和芦山地震灾区生态修复综合治理。2015年10月，党的十八届五中全会作出了“筑牢生态安全屏障，开展大规模国土绿化行动”的战略部署。2015年11月，中央四川省委十届七次全会作出了“开展大规模绿化全川行动”的重大决定，将国土绿化工作放在更加突出的重要位置。2016年7月，四川省绿化委员会印发了《大规模绿化全川 筑牢长江上游生态屏障总体规划（2016—2020年）》，提出用5年时间，集中实施包括沙化土地治理在内的九大国土绿化任务，大规模推进全省国土绿化美化，筑牢长江上游生态屏障，为全面建成小康社会创造良好的生态环境。2016年7月，中共四川省委十届八次全会审议通过《关于推进绿

色发展　建设美丽四川的决定》。

开展川西北高原沙化土地特征与治理技术研究，不仅理论上有助于丰富和完善沙化治理相关内容，而且在实践中可为川西北高原沙化土地治理提供系统、全面的技术支撑，对提高沙化土地综合治理成效、加快建设生态文明和美丽四川具有重要意义。

1.2　研究目标与主要内容

1.2.1　研究目标

在对川西北高原沙化土地全面调查深入分析研究的基础上，对不同立地条件和不同程度的沙化土地采用不同的治理技术措施，为实现沙化程度减轻，并向非沙化土地的逆转提供完整、系统的应用技术。

1.2.2　研究的主要内容

本研究以川西北高原沙化土地治理技术研究为最终目的，包括川西北高原沙化土地特征、立地分类系统的建立、树（草）种选择、治理技术等。主要研究内容如下：

（1）利用现地调查与3S技术相结合，界定川西北高原沙区具体范围。

（2）研究分析川西北高原沙化土地特征，特别是土地沙化进程中土壤和植被变化特征，为沙化土地治理提供理论依据。

（3）研究川西北高原沙区沙化土地立地分类。根据川西北高原沙化土地的立地条件，编制沙化土地治理立地类型表，为沙化土地“分区分类”治理提供依据。

（4）筛选适宜用于川西北高原沙化土地治理的树（草）种。

（5）研究川西北高原沙化土地治理技术及典型模型设计，为沙化土地治理提供系统的技术支撑。

1.3　技术路线和研究方法

1.3.1　技术路线

通过收集资料和实地调查相结合，在全面掌握川西北高原沙化土地现状的基础上，结合川西北多年沙化土地治理成效和存在的问题，综合运用气候学、地质学、土壤学、植物学、生态学、造林学等多学科知识，采取调查研究与分析评价、归纳总结相结合的方式，对川西北高原沙化土地进行立地分类，筛选适宜用于当地沙化治理的树草种，开展相关相关沙化土地治理技术研究。技术路线详见图1.1。

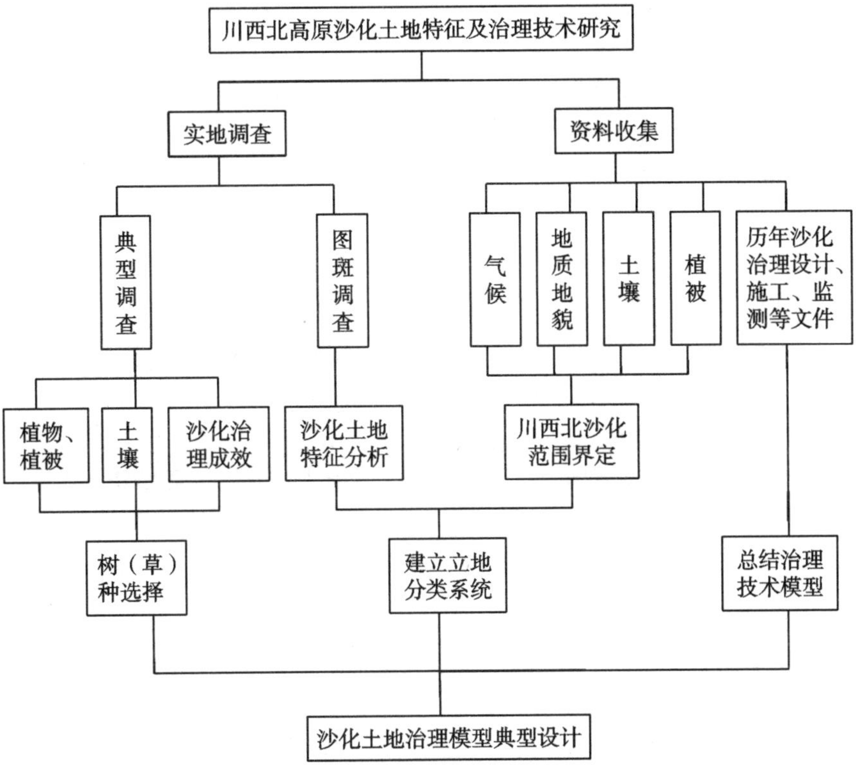

图 1.1　技术路线示意图

1.3.2　研究方法

1.3.2.1　资料收集

收集川西北高原气候、地质、地貌、土壤、水文、水土流失、社会经济状况等专项资料；收集川西北高原沙化监测图斑资料；收集川西北高原沙化土地治理工程县历年沙化治理工程实施方案（作业设计）、原相关研究资料及论文、沙化治理技术总结等资料。

1.3.2.2　外业调查

1.3.2.2.1　图斑调查

按照《四川省第五次沙化监测技术操作细则》（四川省林业厅，2014）规定的方法开展图斑区划与调查，其主要方法是“3S”技术与地面调查相结合，以地面调查为主。运用遥感（RS）、全球定位系统（GPS）进行图斑区划。在区划的基础上，通过地面调查相关因子，获取沙化土地相关信息。主要包括沙化程度调查、环境因子调查、土地利用类型调查。采用地理信息系统（GIS）进行图斑与数据信息管理。

（1）沙化程度调查

①轻度植被盖度>40%，基本无风沙活动的沙化土地，或一般年景作物能正常生长、缺苗少（一般<20%）的沙化耕地。

②中度 25%<植被盖度≤40%，风沙流活动不明显的沙化土地，或作物长势不旺、

缺苗较多（一般 20%≤作物缺苗率<30%）且分布不均的沙化耕地。

③重度 10%<植被盖度≤25%，风沙流活动明显或流沙纹理明显可见的沙化土地，或作物生长很差、作物缺苗率≥30%的沙化耕地。

④极重度植被盖度≤10%的沙化土地。

（2）环境因子

环境因子调查主要包括气候、地形地貌、海拔、坡度、坡向、土壤（类型、厚度、质地）、植被（植被类型、优势植物种类、起源、盖度、植被生长状况）等。

（3）土地利用类型调查

调查沙化区土地的利用类型，包括草地、林地、耕地、建设用地、水域、未利用地。

（4）治理技术措施调查

调查图斑沙化土地的治理状况，主要调查治理所采用的树（草）种，造林、种草技术措施等。

1.3.2.2.2　典型调查

（1）沙化土地土壤物理特性

研究地点为理塘县和壤塘县，采用比重计法测定土壤机械组成，采用环刀法测定土壤容重、土壤孔隙度测定、毛管持水量。

取样点设在 10×10 米样方内，每个样方内设置 3 个取样点。取样采用环刀取样，分 0~20 厘米、20~40 厘米共 2 层。同时，分 0~20 厘米层和>20 厘米两层采集土样，取回的土样按每个沙化程度（含对照）进行分层混合，采用四分法，每层取约 1 千克土样带回送专业机构进行化学性状分析。本次共分析土壤剖面 100 个，取土壤样品 600 份，土壤机械组成的分析送专业机构检测。

（2）沙化土地土壤化学特性

研究地点为理塘县和壤塘县，共测定土壤样品 600 份。

测定方法：土壤 pH 值采用 PHS-P 型酸度计测定；土壤全 N 测定采用全自动定氮仪测定；土壤全 P 量用 NaOH 熔融-钼锑抗比色法；土壤有效 N 用流动分析仪测定；速效 P 用钼锑抗比色法；速效 K 用火焰光度法；土壤有机质含量用 K_2CrO_7-H_2SO_4外加热容量法。

（3）沙化土地植物和植被调查

研究地点为石渠县、理塘县、若尔盖县、壤塘县。调查样方设置：在不同沙化程度沙地中，采用典型选样的方法，最大限度包括主要植被群落和物种。在典型地段设置 10×10 米样方，每一个样方内随机设置 5 个 1×1 米、2×2 米的小样方（4 个角和中心点）调查草本层和灌木层。同时在沙地边缘以外类似微地形的典型非沙化地块内设置 10×10 米对照样方进行相应调查。调查植被大样方（10×10 米）185 个，小样方（2×2 米或 1×1 米）925 个，采取植物标本 170 余个，植物生物量样品 925 份。

样方调查主要内容包括：草本植物种类、株高、株（丛）数、盖度等；灌木种类、株高、株数、盖度等；记录样方总盖度、地上和地下部分生物量、海拔、坡度、坡向、地表状况等生境特征。

1.3.2.3 内业分析及成果编制

1.3.2.3.1 川西北高原沙化区范围界定

川西北高原沙化区的形成是受地质、地貌、气候、植被等因素综合作用的结果。地质是沙化的“基因”，气候是沙化的驱动力，植被是地质、地貌和气候综合作用后的客观表现，沙化土地分布是沙化的直观反映，因此以气候和植被为主导因子，结合沙化土地分布图采用图形叠加法分析确定川西北高原沙化区的具体范围。

1.3.2.3.2 川西北高原沙化土地特征研究

通过对沙化进程中，不同沙化程度沙化土地的土壤机械组成、土壤容重、土壤孔隙度、毛管持水量等物理性质进行分析，对不同沙化程度沙地土壤 pH、有机质、全 N、全 P、全 K 以及速效 N、速效 P、速效 K 等一系列指标分析，揭示川西北高原土地沙化进程中土壤物理性质和化学性质的变化规律。

1.3.2.3.3 川西北高原沙化土地立地分类

采用综合分析法，运用图斑调查资料、典型调查资料和收集的相关资料，综合分析川西北高原区域的特征和沙化土地的立地特征，确定各级立地单元分类（区）的主导因子，划分立地区、立地类型组、立地类型，建立沙化土地立地分类系统。

1.3.2.3.4 树草种的选择

运用图斑调查资料、典型调查资料、相关文献资料和近年来沙化土地治理实施方案（作业设计）等资料，结合树（草）种本身的生物学、生态学特性，综合分析树（草）种的适宜性，确定川西北高原沙化区适生的树（草）种。

1.3.2.3.5 沙化土地治理模型典型设计

结合川西北高原沙化土地立地类型区划成果、川西北高原沙化土地特征研究成果，逐步总结出一批针对不同立地条件、不同沙化条件的沙化治理模型，并将这些治理模型积极运用到川西北沙化治理相关工程中去，再通过不断总结提炼，最终筛选出典型沙化治理模型。

2 川西北高原沙化土地特征

2.1 四川概况

地理位置：四川位于中国西南内陆腹地，地处长江上游、黄河上游，介于东经92°21′~108°12′、北纬26°03′~34°19′之间，与滇、黔、渝、藏、青、甘、陕西部7省（市、区）接壤，是承东接西的纽带，连接西南和西北的桥梁。全省辖区面积48.6万平方千米，约占长江上游一半的面积，是长江上游生态屏障的主体区，在国家生态安全格局中具有重要地位。

地形地貌：四川省地跨四川盆地、青藏高原、云贵高原、秦巴山地等大地貌单元，处于我国大陆地势三大阶梯中第一级青藏高原和第二级长江中下游平原的过渡带，地貌类型复杂多样，山地和高原面积约占80%，丘陵和平原约占20%。整个地形西北高，东南低，以龙门山、邛崃山、大相岭、大凉山一线为界，分为东、西两大部分。东部为四川盆地，四周环山，海拔在1 500~3 000米之间；自西向东依次为成都平原、盆中丘陵和盆东平行岭谷。西部为山地和高原地貌，海拔3 000~5 000米，其中西北部多为高原，属青藏高原东南缘；西南部以山地地貌为主，为横断山脉的一部分。

气候：四川气候区域性、过渡性和复杂性特征突出。按照水热和光照条件，分为四川盆地中亚热带湿润气候区、川西南山地亚热带半湿润气候区、川西北高山高原高寒气候区。气候类型多样，垂直差异大，季风气候明显，区域特色鲜明，气候灾害种类多。

水文：四川境内水系发达，有长江干流、金沙江、岷江、雅砻江、大渡河、沱江、涪江、嘉陵江、渠江等大小河流1 200余条，属于长江水系面积占96.5%，属于黄河水系面积占3.5%。江河的源头或上游段大都穿行于高山峡谷区，中游流经盆周山地，中、下游曲流于盆地丘陵地带，最后汇入长江，属长江上游水系；只有白河、黑河汇入黄河。四川水能资源蕴藏量达1.5亿kW，仅次于西藏，可开发量近1亿kW，位居全国首位。

土壤：四川地域辽阔，土壤类型多样。大致可分为四川东部盆地湿润森林土壤地带、川西南山地河谷森林土壤地带、四川西部山地高原半湿润半干旱森林与高山草甸土壤地带。东部盆地内丘陵连绵，地表出露的主要是侏罗系、白垩系紫色砂泥岩，发育为紫色土，由此形成了著名的“红色盆地”。除西南部及南部的白垩系灌口组和夹关组部分母质呈酸性反应外，其余绝大部分呈中性或碱性反应。在盆地东部渠河和长江之间，为一组东北—西南走向的平行岭谷，山上多出露三叠系须家河组厚层砂岩和二叠系、三叠系石灰岩，发育为黄壤。川西平原集中分布着大面积的潮土。盆周山地土壤具有明显的垂直分布特征，自下而上依次为黄壤—黄棕壤—棕壤—暗棕壤—棕色针叶林土；川西南山地河谷地势高低悬殊，土壤垂直带谱为燥红土、红壤、红棕壤、暗棕壤、棕色针叶林土和山地草甸土；在西部山地高原面上，主要分布山地草甸土、亚高山草甸土、高山草甸土，以及呈块状分布的沼泽土，高山峻岭还分布着高山寒漠土。在高原面以下，主要分布灰褐土、褐土、棕壤，向上还有暗棕壤、棕色森林土及亚高山草甸土。

植被：因地形地貌、气候、土壤等自然条件的差异，植被呈现出水平地带性和垂直分布地带性的特点。东部盆地区，海拔 200～750 米，是以马尾松、柏木、竹林、樟、栎、桤等为主的常绿阔叶林。盆地边缘山地，海拔 1 000～2 500 米，是四川主要的速生丰产林地区，主要为杉木、柏木、柳杉、樟、槭、桦、竹等的常绿针叶、阔叶林和竹林。凉山彝族自治州和攀枝花市一带山地，海拔 2 600 米以下的阳坡为云南松适生分布区，在阴山低湿地带常为高山栲、滇青冈、油樟等耐旱性常绿阔叶林；海拔 2 600～3 000 米为云南铁杉、槭、桦等为主的针阔混交林和以华山松为主的针叶林；海拔 3 000～4 000 米，是云杉、冷杉为主的亚高山针叶林；4 000 米以上为杜鹃、高山栎为主的高山灌丛及嵩草、羊茅等为主的高山草甸。川西北高原，在岷江中上游海拔 1 600 米以下，以樟、楠、青冈等为主，海拔 2 000～3 800 米，下部以铁杉林为主，兼有云杉、槭、桦组成的混交林，上部以冷杉、云杉为主；海拔 3 800～4 400 米，则以杜鹃、高山栎为主的高山灌丛和以禾草、嵩草占优势的高山草甸。在雅砻江中游海拔 2 400～3 000 米属干旱河谷灌丛，由白刺花、羊蹄甲、栒子等植物组成，另有由高山红桦组成的阔叶林；海拔 3 000～4 400 米的森林植被主要有川西云杉、丽江云杉、黄果冷杉、鳞皮冷杉等；海拔 4 400～4 600 米，以理塘杜鹃、锦鸡儿等为主的高山灌丛和以高山嵩草、园穗蓼为主的草甸；海拔 4 600 米以上为寒荒漠带，植被稀疏低矮，常见植物有西藏沙棘、鲜卑花、雪莲花等。

动植物资源：四川辽阔的地域、复杂多样的气候和地质地貌孕育了多种多样的自然环境，为野生动植物的生存和繁衍提供了优越的条件。四川动植物资源极为丰富，是全国植物资源最丰富省区之一，也是全球 25 个生物多样性保护热点地区之一。据不完全统计，全省有高等植物 1 万余种，约占全国种类的 1/3，位居全国第二位。珍稀植物有红豆杉、南方红豆杉、栱桐、银杏、连香树、水青树、岷江柏等。动物资源种类居全国第二位，仅脊椎动物就有近 1 300 种，占全国的 45%以上，鸟类和兽类约占全国的 1/2。珍稀动物有大熊猫、牛羚、金丝猴、小熊猫、梅花鹿、毛冠鹿、林麝、蓝马鸡、藏雪鸡、斑角雉等。鸟类以四川山鹧鸪、雉鹑为特有珍稀鸟类。

社会经济情况：四川辖 21 个（市、州），183 个县（市区），辖区面积 48.6 万平方千米。2016 年年末，全省常住人口 8 262.0 万人，占全国大陆人口的 6.0%，居全国各省（市、区）第 3 位。有 55 个民族，少数民族人口约 500 万人，约占全省总人口 6%。彝、藏、羌、苗、回、蒙古、土家、傈僳、满、纳西、布依、白、壮、傣等14个少数民族世居省内，是全国第二大藏族聚居区、最大的彝族聚居区和唯一的羌族聚居区。

2016年，全省实现地区生产总值（GDP）32 680.50亿元，其中，第一产业增加值3 924.08亿元，第二产业增加值13 924.73亿元，第三产业增加值14 831.69亿元。三次产业对经济增长的贡献率分别为12.0%、42.3%和45.7%。

沙化土地情况：根据2014年第五次荒漠化和沙化监测结果，全省沙化土地86.31万公顷，占全省土地面积的1.77%；有明显沙化趋势的土地10.50万公顷，占全省土地面积的0.22%。全省沙化土地主要分布在甘孜藏族自治州（以下简称：甘孜州）与阿坝藏族羌族自治州（以下简称：阿坝州），面积达79.73万公顷，占全省沙化土地的92.37%。全省沙化土地按类型分，流动沙地面积5 350.67公顷，占沙化土地面积的0.62%；半固定沙地面积28 455.14公顷，占沙化土地面积的3.30%；固定沙地面积203 440.64公顷，占沙化土地面积的23.57%；露沙地面积588 349.29公顷，占沙化土地面积的68.17%；沙化耕地面积37 267.85公顷，占沙化土地面积的4.32%。非生物治沙工程地面积216.44公顷，占沙化土地面积的0.03%。

2.2 川西北高原沙化区概况

2.2.1 川西北高原沙化区范围

川西北高原沙化区的形成是地质、地貌、气候、植被等因素综合作用的结果。地质决定了沙化的先天条件，是沙化的“基因”，气候是沙化的驱动力，植被是地质、地貌和气候综合作用后的客观表现，沙化土地分布是沙化的直观反映。因此，运用GIS技术，采用图形叠加法叠加气候、植被区划图，结合沙化土地分布图，确定川西北高原沙化区的具体范围。

将川西北高原气候图和川西北高原植被图叠加后的公共部分作为川西北高原区域，再与沙化土地分布图进行叠加确定川西北高原沙化区（或简称：研究区）。川西北高原沙化区包括甘孜州的石渠县、色达县、理塘县、德格县、甘孜县、白玉县的大部分地区和新龙县、稻城县、乡城县、炉霍县的小部分区域（巴塘县东北部区域属川西北高原区，但没有沙化土地分布），阿坝州的若尔盖县、红原县、阿坝县、壤塘县的大部分地区，以及松潘县、马尔康市的小部分区域。如图2.1所示（彩图见二维码）。

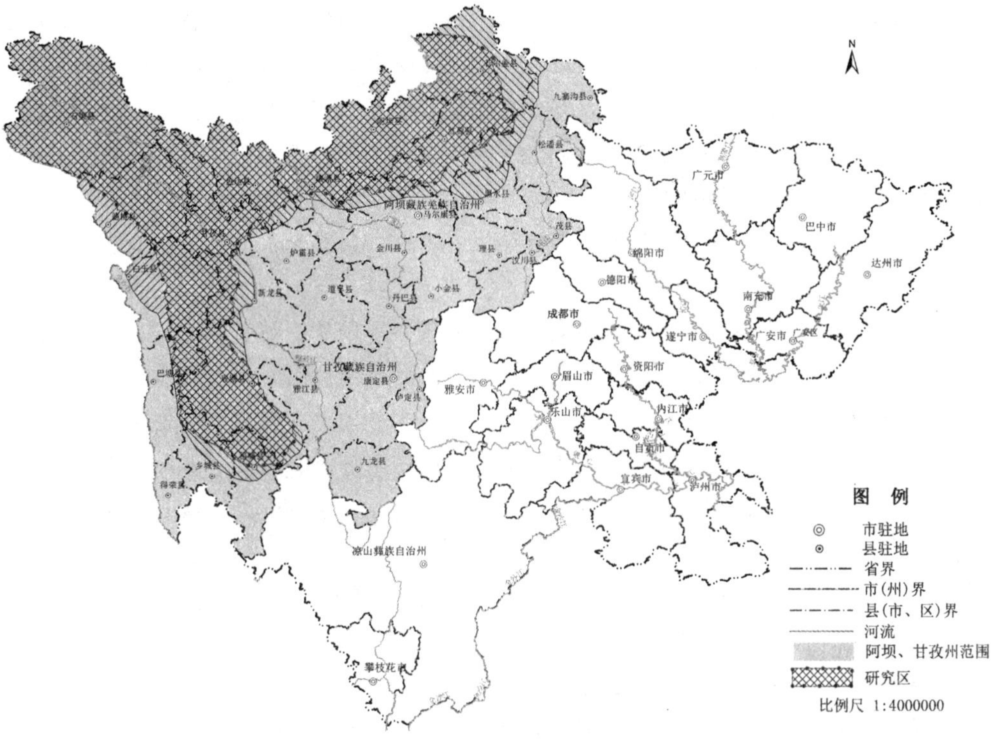

图 2.1 川西北高原沙化区范围

2.2.2 川西北高原沙化区自然概况

川西北高原沙化区地势高亢，高原面海拔多在 3 500~4 500 米以上，沙鲁里山一带则普遍在 4 500~4 700 米以上。地面丘状起伏，切割微弱，丘谷平缓，谷地宽展，岭谷相对高差数十米至数百米，且丘谷相间，谷宽丘圆，排列稀疏，广布沼泽。

地质地貌：地质构造上属中生代的印支褶皱带，岩性以轻度变质的砂页岩、灰质片岩、板岩等为主，个别地方有花岗岩侵入体，构成高原面上隆起的山岭。出露地层以三叠系为主，母岩为砂岩、板岩、千枚岩、页岩等，风化壳厚 1~5 米，并穿插有燕山期和喜山期花岗岩侵入体。松散堆积物广泛分布于丘间盆地、坡麓和沟谷，其厚度和走向严格受区内断裂构造格局和新构造运动的控制。一般山峰海拔均在 4 500 米以上，多为古代和现代冰川的发育中心，如雀儿山、工卡拉山等。河谷海拔一般为 3 300~3 500 米，谷地与主峰顶相对高差达 500~700 米，河谷开阔，山势平缓。

水文：境内河流纵横，属长江水系的有雅砻江、金沙江、鲜水河、大渡河等，属黄河水系的有发源于若尔盖湿地的黑河、白河及其支流，河床无固定位置，河流、河汊极为发育，形成比较开阔的谷地和阶地。境内地势平缓，河流弯曲发育，沼泽与壅水区密布，河流、海子受地势制约分属黄河、长江水系，河谷平坦开阔，河床比降小，水流平缓，迂回曲折，流速一般为 0.1~0.5 米/秒。水位变幅一般在 1~3 米左右，最大可达 4.5 米。还分布着众多沼泽和高原湖泊，天然冷泉、温泉分布广泛。

气候：区域属于大陆性高原气候，具有热量低，气温年较差小，日温差较大，冷暖季节分明。水热同期，太阳辐射强，日照充足，冷季多大风，暖季多冰雹等高原气候特点，境内常年无夏，干湿季节分明，冬季严寒而又漫长，年均温普遍较低，绝对最低气温-32℃，年降水量在600~800毫米，全年降水主要集中在5~10月，约占全年降水量的70%以上，并多暴雨和冰雪。研究区全年绝大部分时间都有大风出现，特别是早晚起风的频率最高。主要灾害性天气是寒潮连阴雪、大风、霜冻、冰雹、沙尘暴等。

土壤：境内土壤可分为8个土类，15个亚类。土壤水平分布不明显，各类土壤的分布主要取决于所在地的海拔高度、坡向、母质和植被等因素。河谷区的一、二级阶地上多发育着草甸潮土，成片的沼泽土壤和蕴藏量丰富的泥炭。由于成土母质和成土过程在质量和时间上的差异，坡腰上部多发育成薄层亚高山草甸土、坡腰下部是厚层亚高山草甸土；山原区，主要有暗棕壤、亚高山草甸土、高山草甸土、高山寒漠土，其中亚高山草甸土分布范围广、面积大，占辖区面积的60%以上，土层40厘米以上，表层中有机质丰富。

植被：区域地势、积水、热能、海拔等各不相同，形成了寒带高原沼泽、灌丛和草甸植被，其垂直分布不明显，植物种类组成较为简单，多以草本、低矮灌木为主，构成了川西著名的三大草原，红原—若尔盖大草原、色达—石渠大草原、理塘大草原。植被类型以多年生小灌丛和草本植物组成的亚高山灌丛或草甸，高山灌丛或草甸等为主。草甸植物多由莎草科、禾本科、菊科、毛茛科、豆科、蔷薇科、蓼科等草本植物组成，伴生川贝、虫草、甘松、秦艽等名贵野生中药材。

2.2.3 川西北高原沙化区社会经济概况

川西北高原沙化区涉及甘孜州和阿坝州16个县，辖区面积150 506平方千米。2016年年底，16个县常住人口100.31万人，其中城镇常住人口27.46万人，占区域常住人口的27.4%；乡村常住人口72.85万人，占区域常住人口的72.6%。主要居住着藏族、羌族等少数民族，以藏族人口为主，历史上素有“汉藏走廊”之称，属民族和宗教的敏感区。

2016年，川西北高原沙化区16个县实现地区生产总值（GDP）173.69亿元，其中，第一产业增加值57.18亿元，第二产业增加值37.11亿元，第三产业增加值79.40亿元。三次产业对经济增长的贡献率分别为32.9%、21.4%和45.7%。经济发展以畜牧业为主，是我国五大牧区之一。由于海拔高，气候严寒，生产、生活条件恶劣、牧民收入较低，属贫困人口比较集中的地区。

2.3 川西北高原沙化土地现状

据2014年第五次沙化监测，川西北高原16个县沙化土地面积69.42万公顷，占全省沙化土地面积的 80.4%。占 16 个县土地面积的 4.6%。沙化土地面积中，甘孜藏族自治州 11 个县面积 58.53 万公顷，占川西北高原沙化土地面积的 84.3%；阿坝藏族羌族自治州 6 个县面积 10.89 万公顷，占川西北高原沙化土地面积的 15.7%。另外该区域还有明显沙化趋势的土地面积 3.85 万公顷（见表 2.1）。

表 2.1　　　　川西北高原沙化土地面积统计表　　　　单位：万公顷

统计地区	全省沙化土地面积	川西北高原沙化土地面积			川西北高原沙化土地占全省沙化土地比例（%）
		合计	甘孜	阿坝	
沙化土地	86.31	69.42	58.53	10.89	80.4
有明显沙化趋势的土地	10.50	3.85	3.19	0.66	36.7

川西北高原土地沙化是在特殊的区域地质条件和全球气候变化的大背景下，自然、人为和有害生物三种因素综合作用的结果。自然因素如区域地理位置、岩性及成土母质、第四系冰川活动、近年来的气温升高等为生态环境恶化、土地沙化提供了必要条件（沙源和搬沙动力）。人为因素主要是超载放牧、疏干沼泽、滥砍乱挖、乱采中药材、不合理的泥炭开采等。生物因素主要是鼠兔危害等，导致草原和湿地生态系统失调，为该地区的土地沙化提供了充分条件。

2.3.1　沙化土地类型

川西北高原沙化土地面积 68.97 万公顷按沙化土地类型分，流动沙地面积 0.48 万公顷，占沙化土地总面积的 0.7%；半固定沙地面积 1.85 万公顷，占 2.7%；固定沙地面积 14.90 万公顷，占 21.6%；露沙地面积 51.01 万公顷，占 74.0%；沙化耕地面积 0.73 万公顷，占 1.0%（详见表 2.2）。

表 2.2　　　　川西北高原沙化土地类型统计表　　　　单位：万公顷

统计地区	合计	流动沙地	半固定沙地	固定沙地	露沙发	沙化耕地
合计	68.97	0.48	1.85	14.90	51.01	0.73
甘孜	58.08	0.08	0.97	12.72	43.74	0.57
阿坝	10.89	0.40	0.88	2.18	7.27	0.16

2.3.2　沙化土地利用现状

川西北高原沙化土地按土地利用类型分，耕地面积 0.73 公顷，占沙化土地总面积的 1.0%；林地面积 11.52 公顷，占 16.7%；草地面积 56.32 公顷，占 81.7%；未利用地面积 0.40 公顷，占 0.6%（详见表 2.3）。

表 2.3　　　　　　　　**川西北高原沙化土地利用现状统计表**　　　　　　　　单位：万公顷

统计地区	合计	耕地	林地	草地	未利用地
合计	68.97	0.73	11.52	56.32	0.40
甘孜	58.08	0.57	9.98	47.45	0.08
阿坝	10.89	0.16	1.54	8.87	0.32

2.3.3　沙化土地沙化程度

川西北高原沙化土地按沙化程度分，轻度沙化土地面积 57.20 万公顷，占沙化土地总面积的 82.9%；中度沙化土地面积 8.53 万公顷，占 12.4%；重度沙化土地面积 2.66 万公顷，占 3.9%；极重度沙化土地面积 0.58 万公顷，占 0.8%（详见表 2.4）。

表 2.4　　　　　　　　**川西北高原沙化土地沙化程度统计表**　　　　　　　　单位：万公顷

统计地区	合计	轻度	中度	重度	极重度
合计	68.97	57.20	8.53	2.66	0.58
甘孜	58.08	48.05	8.16	1.75	0.12
阿坝	10.89	9.15	0.37	0.91	0.46

2.3.4　沙化土地植被覆盖类型

川西北高原沙化土地覆盖乔、灌、草型植被的面积 3.42 万公顷，占沙化土地总面积的 5.0%；覆盖乔、草型植被的面积 0.15 万公顷，占 0.2%；覆盖灌、草型植被的面积 47.08 万公顷，占 68.3%；覆盖灌木型植被的面积 0.43 万公顷，占 0.6%；覆盖草本型植被的面积 14.30 万公顷，占 20.7%；其他 3.60 万公顷，占 5.2%（详见表 2.5）。

表 2.5　　　　　　　　**川西北高原沙化土地植被覆盖类型统计表**　　　　　　　　单位：万公顷

统计地区	合计	乔、灌、草型	乔、草型	灌、草型	灌木型	草本型	其他
合计	68.97	3.42	0.15	47.07	0.43	14.30	3.60
甘孜	58.08	2.53	0.14	43.18	0.42	9.44	2.37
阿坝	10.89	0.89	0.01	3.89	0.01	4.86	1.23

2.3.5　沙化土地植被盖度

川西北高原沙化土地面积 68.24 万公顷（不含沙化农耕地 0.73 万公顷）中，盖度 <10% 的沙化土地面积 0.48 万公顷，占沙化土地总面积的 0.7%；盖度 10～19% 的沙化土地面积 0.66 万公顷，占 1.0%；盖度 20%～29% 的沙化土地面积 1.19 万公顷，占 1.7%；盖度 30%～39% 的沙化土地面积 4.12 万公顷，占 6.0%；盖度 40%～49% 的沙化

土地 4.07 万公顷，占 6.0%；盖度 50%~59%的沙化土地面积 47.52 万公顷，占 69.6%；盖度 60%~69% 的沙化土地面积 5.23 万公顷，占 7.7%；盖度 70%~79%的沙化土地面积 3.66 万公顷，占 5.4%；盖度≥80% 的沙化土地面积 1.31 万公顷，占 1.9%（详见表 2.6）。

表 2.6 **川西北高原沙化土地植被盖度统计表** 单位：万公顷

统计地区	合计	<10%	10%~19%	20%~29%	30%~39%	40%~49%	50%~59%	60%~69%	70%~79%	≥80%
合计	68.24	0.48	0.66	1.19	4.12	4.07	47.52	5.23	3.66	1.31
甘孜	57.51	0.08	0.44	0.53	3.90	3.90	41.93	4.90	1.55	0.28
阿坝	10.73	0.40	0.22	0.66	0.22	0.17	5.59	0.33	2.11	1.03

2.3.6 沙化土地土壤特性

2.3.6.1 物理性质

2.3.6.1.1 土壤机械组成

土壤是由大小不同的土粒按不同的比例组合而成，这些不同的粒级混合在一起表现出的土壤粗细状况称土壤机械组成或土壤质地，它是土壤十分稳定的自然属性，对土壤的各种性状如土壤的通透性、保蓄性、耕性及养分含量等都有很大的影响。土壤机械组成是土壤最基本的物理性质之一，也是影响土壤水肥状况的关键因子。按照我国土壤土粒分级制，土壤被区分为三个大的分级：砂土、壤土、粘土，粒径依次为：>0.05 毫米、0.002~0.05 毫米、<0.002 毫米。

表 2.7 表明，研究区的土壤机械组成整体较粗，非沙地（对照）0~40 厘米深度层内>0.05 毫米的砂粒含量平均高达 59.85%，粉粒含量平均为 23.43%，而<0.002 毫米的粘粒含量平均只占 16.72%，表明研究区土壤中有较多的砂粒物质，为土地沙化的发生和发展提供了物质基础。

表 2.7 **不同沙化程度土壤机械组成** 单位:%

沙化程度	土层（厘米）		砂粒	粉粒	粘粒
非沙地（对照）	0~40	平均值	59.85	23.43	16.72
		幅度	38.36~77.51	10.66~36.18	11.83~25.47
	0~20	平均值	58.42	24.39	17.19
		幅度	38.77~77.06	10.91~36.11	12.03~25.12
	20~40	平均值	61.24	22.52	16.24
		幅度	37.95~77.96	10.41~36.24	11.63~25.81

表2.7(续)

沙化程度	土层（厘米）		砂粒	粉粒	粘粒
轻度沙地	0~40	平均值	64.82	21.65	13.52
		幅度	44.63	13.17~31.32	9.03~24.06
	0~20	平均值	64.60	21.57	13.84
		幅度	44.95~79.11	12.37~31.15	8.52~23.90
	20~40	平均值	65.01	21.79	13.20
		幅度	44.30~74.01	13.96~31.49	9.54~24.21
中度沙地	0~40	平均值	67.00	21.58	11.42
		幅度	43.33~86.84	7.75~33.29	5.41~24.37
	0~20	平均值	67.86	20.90	11.24
		幅度	45.37~87.38	7.2~30.73	5.42~23.85
	20~40	平均值	66.12	22.29	11.59
		幅度	41.28~86.29	8.3~33.84	5.41~24.88
重度沙地	0~40	平均值	72.30	18.73	8.97
		幅度	53.25~91.18	1.22~32.4	7.52~14.40
	0~20	平均值	73.61	17.60	8.79
		幅度	56.63~92.35	1.21~29.93	6.44~13.54
	20~40	平均值	70.97	19.88	9.15
		幅度	49.87~90.01	1.23~34.87	8.6~15.26
极重度沙地	0~40	平均值	72.56	19.74	7.70
		幅度	57.46~88.8	5.74~31.57	5.46~10.98
	0~20	平均值	73.51	19.03	7.46
		幅度	58.17~89.32	5.23~31.65	5.45~10.18
	20~40	平均值	71.60	20.46	7.94
		幅度	56.75~88.28	6.25~31.48	5.47~11.77

随着非沙地（对照）→轻度沙地→中度沙地→重度沙地→极重度沙地的沙化程度逐步加重，土壤机械组成不断变化。其中，砂粒（>0.05 毫米）含量随沙化程度的加重呈增加趋势，粉粒（0.05~0.002 毫米）和粘粒（<0.002 毫米）含量则随沙化程度的加重呈减小趋势。不同粒径对土壤团粒结构形成和保水保肥的贡献不同，粘粒的减少抑制了土壤的膨胀、可塑性及离子交换等物理性质。同时土壤表层（0~20 厘米层）与下层（20~40 厘米层）的机械组成也有所变化，影响上下层间的差异。砂粒和粉粒含量在非沙地（对照）和轻度沙地中，表层含量高于下层，在中度沙地、重度沙地、极重度沙地中表层含量低于下层，粘粒含量变化趋势则相反。这说明，在土地沙化进程中，伴随着气候变化，植被盖度降低，沙化活动增强等一系列影响，使得上层土壤开始受到影响，开始粗化，从而使其机械组成的层间状态也开始出现明显差异。随着沙化程度加剧，发

展到中度沙地阶段时，上层土壤已经受到明显的沙化侵蚀作用，土壤颗粒开始粗于下层土壤。此类土壤的总孔隙度小，保水性差，土壤含水量低。

2.3.6.1.2　土壤容重

土壤容重又称土壤密度，是干的土壤基本物质的量与总容积之比。土壤容重不仅是土壤机械组成和孔隙度的综合反映，也是判断土壤结构、土壤肥力水平和退化程度的重要指标。

由于沙化土地土壤机械组成的变化，土壤容重也发生了相应改变。由表2.8、图2.2可以看出，研究区土壤容重随着非沙地（对照）→轻度沙地→中度沙地→重度沙地→极重度沙地的沙化程度加重，土壤容重呈逐步增加的趋势。层间差异上，非沙地（对照）、轻度沙地、中度沙地、重度沙地中，土壤上层（0~20厘米）容重小于下层（20~40厘米）容重，极重度沙地土壤上、下层容重差异不明显。

表2.8　不同沙化程度土壤容重　单位：克/立方厘米

土层（厘米）		沙化程度				
		对照	轻度沙地	中度沙地	重度沙地	极重度沙地
0~40	平均值	1.017	1.168	1.230	1.296	1.377
	幅度	0.902~1.667	1.128~1.217	1.160~1.274	1.238~1.351	1.382~1.407
0~20	平均值	0.960	1.137	1.211	1.270	1.389
	幅度	0.842~1.148	1.119~1.196	1.155~1.238	1.204~1.315	1.353~1.410
20~40	平均值	1.073	1.199	1.248	1.322	1.364
	幅度	0.961~1.185	1.137~1.238	1.164~1.309	1.272~1.387	1.336~1.403

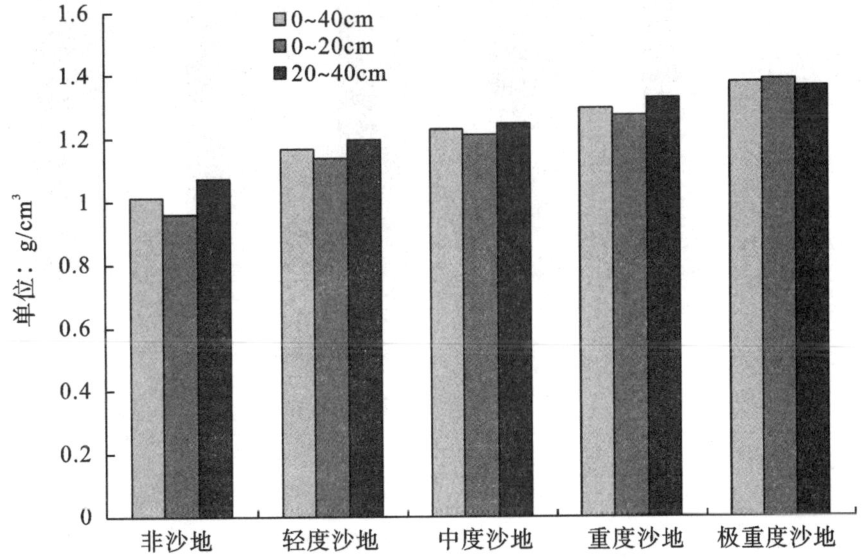

图2.2　不同沙化程度土壤容重变化趋势图

2.3.6.1.3 土壤孔隙度

土壤孔隙大小是土壤物理性质的基本特征，也是评价土壤结构特征的重要指标。土壤孔隙度的变化与土壤容重的变化呈相反趋势，即容重增加，孔隙度降低。研究区土壤随着非沙地（对照）→轻度沙地→中度沙地→重度沙地→极重度沙地的沙化程度加重过程，土壤总孔隙度呈逐步降低的趋势。非沙地（对照）、轻度沙地、中度沙地的土壤上层毛管孔隙度明显大于土壤下层毛管孔隙度，而重度沙地和极重度沙地土壤上层和下层毛管孔隙度差异不明显。见表2.9、表2.10，图2.3、图2.4。

表2.9 不同沙化程度土壤总孔隙度 单位:%

土层（厘米）		沙化程度				
		非沙地	轻度沙地	中度沙地	重度沙地	极重度沙地
0~40	平均值	57.29	52.02	46.01	42.53	40.17
	幅度	53.35~59.75	41.05~58.5	39.45~48.75	38.65~46.5	37.75~42.25
0~20	平均值	57.68	53.64	46.92	43.54	40.40
	幅度	50.7~61.3	43.7~59.8	40.5~49.4	39.6~47.1	38.6~42.7
20~40	平均值	56.91	50.42	45.17	41.52	39.94
	幅度	56.0~58.2	39.8~57.2	38.4~48.1	37.7~45.9	36.9~42.2

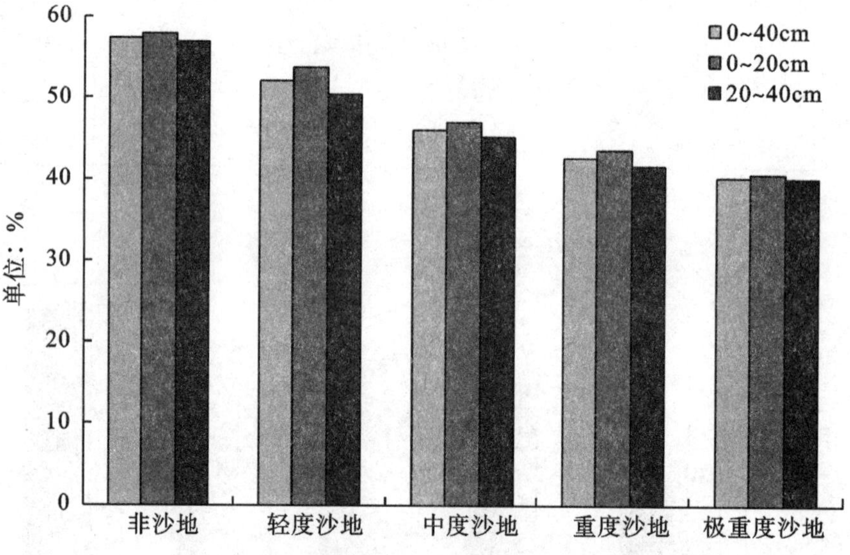

图2.3 不同沙化程度土壤总孔隙度变化趋势图

表2.10 不同沙化程度土壤毛管孔隙度 单位:%

土层（厘米）		沙化程度				
		非沙地	轻度沙地	中度沙地	重度沙地	极重度沙地
0~40	平均值	45.61	41.12	36.14	33.75	32.07
	幅度	41.6~48.6	35.6~44.3	34.3~36.7	31.1~35.8	31.5~35.1

表2.10(续)

土层（厘米）		沙化程度				
		非沙地	轻度沙地	中度沙地	重度沙地	极重度沙地
0~20	平均值	46.16	42.64	36.82	33.66	32.02
	幅度	43.1~48.5	36.8~44.7	34.8~36.1	31.1~36.1	31.2~35.6
20~40	平均值	45.06	39.6	35.46	33.84	32.12
	幅度	40.4~48.8	34.3~43.9	33.8~37.3	31.00~35.6	31.7~34.5

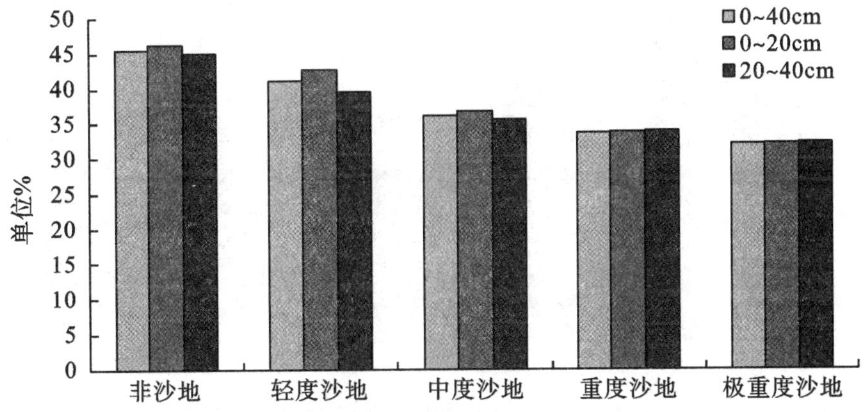

图2.4 不同沙化程度土壤毛管孔隙度变化趋势图

2.3.6.1.4 毛管持水量

毛管持水量是土壤中所能保持的毛管上升水的最大数量，是对植物有效的水分。各土层的毛管持水量不仅取决于土层的质地、结构和上下层孔隙状况，而且随土层离地下水面的距离变化而变化。在地下水面保持不变时，每个土层的毛管持水量为一定值。研究区土壤随着非沙地（对照）→轻度沙地→中度沙地→重度沙地→极重度沙地的沙化程度加重过程，土壤毛管持水量呈逐步降低的趋势。在层间差异上，随着沙化程度逐步加剧，非沙地（对照）、轻度沙地、中度沙地和重度沙地的土壤上层毛管持水量明显大于土壤下层毛管持水量，而极重度沙地土壤上层和下层毛管持水量差异不明显。见表2.11，图2.5。

表2.11 不同沙化程度土壤毛管持水量 单位:%

土层（厘米）		沙化程度				
		非沙地	轻度沙地	中度沙地	重度沙地	极重度沙地
0~40	平均值	45.3	35.3	29.4	26.1	23.3
	幅度	39.8	30.5~38.45	29.3~29.45	25.3~27.45	22.8~23.3
0~20	平均值	48.4	37.5	30.4	26.5	23.1
	幅度	42.8~51.3	32.7~40.5	31.2~29.2	25.1~28.2	22.5~25.0

表2.11(续)

土层（厘米）		沙化程度				
		非沙地	轻度沙地	中度沙地	重度沙地	极重度沙地
20~40	平均值	42.2	33.0	28.4	25.6	23.5
	幅度	36.7~45.8	28.3~36.4	27.4~29.7	25.5~26.7	23.1~24.6

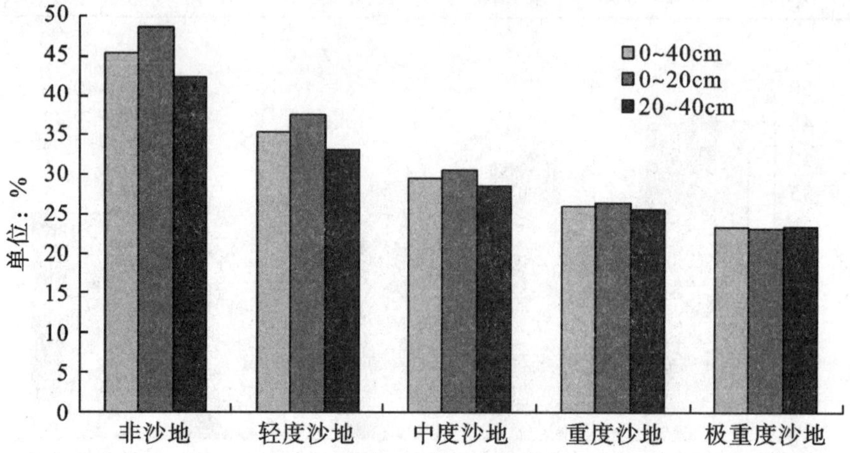

图 2.5　不同沙化程度土壤毛管持水量变化趋势示意图

2.3.6.2　化学性质

2.3.6.2.1　土壤 pH 值

表 2.12、图 2.6 表明，研究区土壤随着非沙地（对照）→轻度沙地→中度沙地→重度沙地→极重度沙地的沙化程度逐步加重，土壤 pH 值大致呈逐步升高的趋势。层间差异上，土壤上层 pH 值普遍小于土壤下层。

表 2.12　　**不同沙化程度土壤 pH**

土层（厘米）		沙化程度				
		非沙地	轻度沙地	中度沙地	重度沙地	极重度沙地
0~40	平均值	5.50	5.57	5.81	5.85	5.83
	幅度	5.15~6.09	5.29~5.98	5.44~6.25	5.58~6.25	5.67~5.95
0~20	平均值	5.47	5.54	5.80	5.87	5.81
	幅度	5.07~6.03	5.31~5.91	5.54~6.18	5.55~6.21	5.66~5.93
20~40	平均值	5.52	5.59	5.82	5.85	5.84
	幅度	5.22~6.14	5.27~6.04	5.34~6.32	5.61~6.28	5.67~5.97

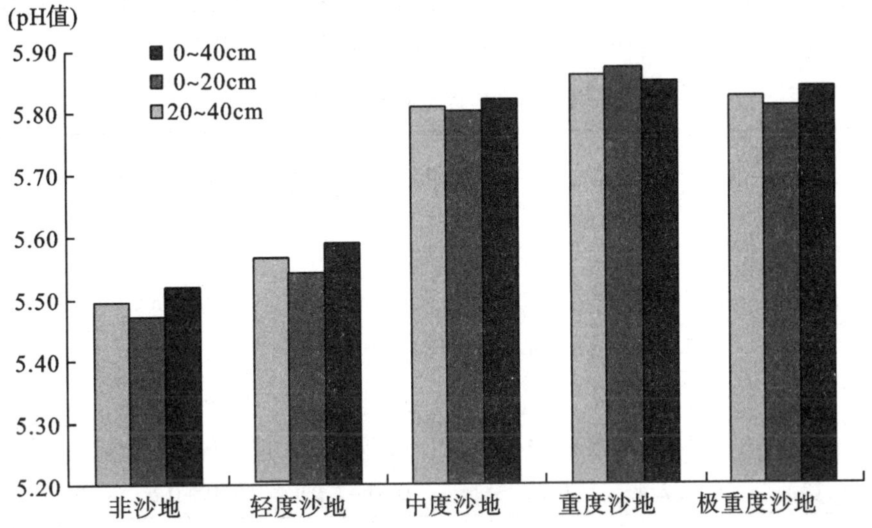

图 2.6 不同沙化程度土壤 pH 值变化趋势图

2.3.6.2.2 有机质

有机质受地表植被凋落物和根系减少的影响，同时由于过度放牧、牲畜粪便等人为干扰，不同沙化程度的沙化土地土壤有机质含量显著低于非沙化（对照）草地。表 2.13 表明，研究区土壤在非沙地（对照）→轻度沙地→中度沙地的沙化进程中，土壤有机质含量呈大幅下降趋势，重度沙地→极重度沙地的沙化进程中，土壤有机质含量下降趋势放缓。且随沙化程度的加重，土壤表层有机质含量明显低于下层，其上下层差异在非沙地（对照）、轻度沙地阶段最为明显，在中度沙地、重度沙地、极重度沙地阶段，上下层有机质含量的差异又有所减小。

表 2.13　　不同沙化程度土壤有机质含量　　单位：克/千克

土层（厘米）		沙化程度				
		非沙地	轻度沙地	中度沙地	重度沙地	极重度沙地
0~40	平均值	45.33	34.32	13.10	8.78	4.43
	幅度	37.88~64.59	31.28~36.81	8.00~21.40	6.60~16.12	3.69~5.25
0~20	平均值	53.53	39.71	15.21	10.14	5.06
	幅度	46.70~77.45	35.71~42.35	8.86~24.16	8.16~17.88	4.11~5.58
20~40	平均值	37.13	28.93	10.98	7.42	3.79
	幅度	29.06~51.73	26.84~31.27	7.14~18.64	5.03~14.36	3.27~4.92

2.3.6.2.3 全 N 含量

全 N 含量通常用于衡量土壤的基础肥力，其含量与土壤有机质含量有密切的相关性。表 2.14 表明，研究区土壤随着非沙地（对照）→轻度沙地→中度沙地→重度沙地

→极重度沙地沙化程度逐步加重，N 素流失迅速，土壤全 N 含量呈逐步降低的趋势。全 N 在土壤中有明显的层间差异，土壤上层全 N 含量显著大于土壤下层。

表 2.14　不同沙化程度土壤全 N 含量　单位：克/千克

土层（厘米）		沙化程度				
		非沙地	轻度沙地	中度沙地	重度沙地	极重度沙地
0~40	平均值	1.94	1.28	0.61	0.35	0.19
	幅度	1.23~3.10	1.12~1.50	0.35~1.21	0.24~0.59	0.09~0.27
0~20	平均值	2.32	1.53	0.68	0.41	0.21
	幅度	1.56~3.70	1.42~1.86	0.38~1.34	0.28~0.67	0.17~0.26
20~40	平均值	1.56	1.02	0.53	0.29	0.17
	幅度	0.9~2.49	0.85~1.14	0.31~1.07	0.19~0.5	0.12~0.27

2.3.6.2.4　全 P 含量

P 是核酸和核苷酸的组成成分，是原生质及细胞核的重要成分，对促进植物能量代谢过程起着重要作用，是植物必需的营养元素之一。因此，在研究退化、沙化草原植被恢复演替过程中，土壤 P 元素是重要的研究内容之一。

表 2.15 显示，研究区土壤随着非沙地（对照）→轻度沙地→中度沙地→重度沙地→极重度沙地的沙化程度逐步加重，土壤全 P 含量呈逐步降低的趋势。全 P 在土壤中有明显的层间差异，土壤上层全 P 含量显著大于土壤下层。

表 2.15　不同沙化程度土壤全 P 含量　单位：克/千克

土层（厘米）		沙化程度				
		非沙地	轻度沙地	中度沙地	重度沙地	极重度沙地
0~40	平均值	1.55	1.27	0.92	0.65	0.51
	幅度	0.96~2.38	0.92~2.19	0.58~1.29	0.52~0.79	0.28~0.62
0~20	平均值	1.65	1.32	0.95	0.70	0.54
	幅度	0.94~2.58	0.92~2.53	0.56~1.41	0.56~0.88	0.32~0.68
20~40	平均值	1.45	1.21	0.88	0.59	0.47
	幅度	0.98~2.18	0.93~1.84	0.59~1.16	0.47~0.70	0.24~0.55

2.3.6.2.5　全 K 含量

表 2.16、图 2.7 说明，研究区土壤全 K 含量与 N、P 含量不同，不同沙化程度沙地中土壤全 K 含量变化不大。据相关研究表明，土壤全 K 含量的绝大部分（90%~98%）为矿物态钾，它们只有经过风化后释放出来才能被植物吸收利用。其原因可能是与不同水分状况下土壤母质风化程度的差异有关。土壤全 K 含量上、下层差别不明显。

表 2.16　　　　　　　　　　**不同沙化程度土壤全 K 含量**　　　　　　　单位：克/千克

土层（厘米）		沙化程度				
		非沙地	轻度沙地	中度沙地	重度沙地	极重度沙地
0～40	平均值	22.83	22.81	21.84	22.95	22.46
	幅度	19.35～24.85	20.87～24.02	18.68～25.26	21.02～24.90	18.71～25.73
0～20	平均值	22.53	22.87	21.99	22.97	22.48
	幅度	18.80～24.61	20.65～24.18	19.26～25.20	21.36～25.01	19.25～25.73
20～40	平均值	23.12	22.74	21.69	22.94	22.43
	幅度	19.89～25.09	21.08～23.86	18.09～25.31	20.67～24.78	18.16～25.73

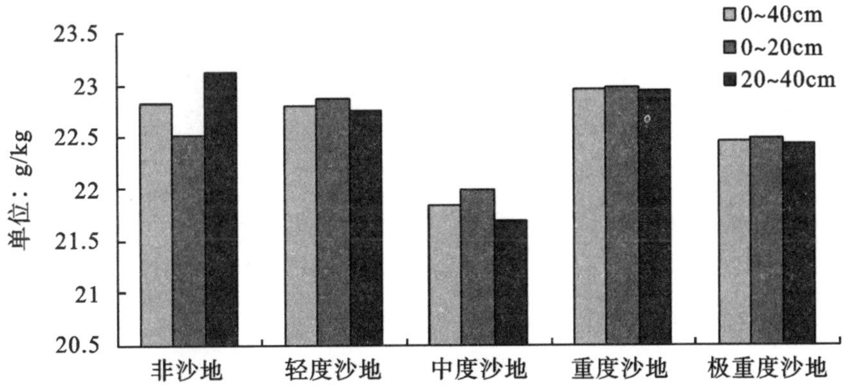

图 2.7　不同沙化程度土壤全 K 变化趋势示意图

2.3.6.1.6　土壤速效养分

（1）土壤速效 N 含量

表 2.17 说明，研究区土壤中速效 N 跟全 N 含量变化一致，主要表现为随着非沙地（对照）→轻度沙地→中度沙地→重度沙地→极重度沙地沙化程度逐步加重，土壤速效 N 含量呈逐步降低的趋势，且土壤上层速效 N 含量显著大于土壤下层。

表 2.17　　　　　　　　　　**不同沙化程度土壤水解 N 含量**　　　　　　单位：毫克/千克

土层（厘米）		沙化程度				
		非沙地	轻度沙地	中度沙地	重度沙地	极重度沙地
0～40	平均值	200.53	162.65	60.27	42.08	22.32
	幅度	133.1～316.05	84.69～210.75	31.01～95.68	24.48～86.05	15.48～31.91
0～20	平均值	245.06	207.34	69.93	45.19	25.29
	幅度	168.9～383.50	168.1～263.7	35.48～97.58	24.61～96.3	17.85～33.70
20～40	平均值	156.00	117.96	50.60	38.96	19.34
	幅度	97.3～248.60	102.7～157.8	26.54～93.77	24.35～75.8	13.11～30.12

（2）土壤速效 P 含量

表 2. 18 说明，研究区土壤随着非沙地（对照）→轻度沙地→中度沙地→重度沙地→极重度沙地沙化程度逐步加重，土壤速效 P 含量呈逐步降低的趋势。土壤下层速效 P 含量变化趋势不明显。但是，各沙化程度土壤速效 P 表现为上层土壤高于下层土壤。

表 2. 18　　不同沙化程度土壤速效 P 含量　　单位：毫克/千克

土层（厘米）		沙化程度				
		非沙地	轻度沙地	中度沙地	重度沙地	极重度沙地
0~40	平均值	43. 49	35. 69	41. 48	36. 48	26. 92
	幅度	27. 68~58. 79	23. 01~48. 64	22. 89~62. 71	22. 01~59. 63	20. 54~33. 63
0~20	平均值	45. 84	42. 40	41. 68	40. 84	28. 35
	幅度	26. 68~66. 23	35. 59~52. 62	25. 43~58. 17	26. 67~65. 72	22. 41~32. 76
20~40	平均值	41. 14	28. 98	41. 27	32. 12	25. 49
	幅度	28. 67~51. 34	10. 40~44. 65	20. 35~67. 25	17. 35~53. 54	18. 67~34. 49

（3）土壤速效 K 含量

表 2. 19 表明，研究区土壤随着非沙地（对照）→轻度沙地→中度沙地→重度沙地→极重度沙地沙化程度逐步加重，土壤速效 K 含量呈逐步降低的趋势。各种沙化程度沙地土壤速效 K 含量的层间差异也表现为上层高于下层。

表 2. 19　　不同沙化程度土壤速效 K 含量　　单位：毫克/千克

土层（厘米）		沙化程度				
		非沙地	轻度沙地	中度沙地	重度沙地	极重度沙地
0~40	平均值	49. 09	28. 66	22. 52	21. 56	12. 91
	幅度	25. 66~67. 16	18. 54~34. 41	9. 60~55. 97	13. 06~36. 38	10. 02~19. 53
0~20	平均值	59. 17	40. 28	26. 49	25. 94	14. 27
	幅度	36. 37~76. 38	24. 50~48. 37	11. 16~64. 07	15. 27~44. 81	10. 24~21. 37
20~40	平均值	39. 01	17. 03	18. 54	17. 18	11. 55
	幅度	14. 95~57. 93	12. 57~20. 45	8. 03~47. 87	10. 85~27. 94	9. 75~17. 69

2. 3. 7　沙化土地的植被

经调查统计分析，研究区沙化土地上常见植物有 31 科 91 属 177 种，其中裸子植物有 1 科 1 属 1 种，被子植物有 30 科 90 属 176 种（见表 2. 20、表 2. 21，详见附表 1）。沙化程度不同的土地，植物种类出现一定差异性，其中轻度沙地常见植物有 136 种，中度沙地常见植物 123 种，重度沙地常见植物 78 种。这些植物中，乔木树种有 2 科 2 属 3 种；灌木树种有 5 科 8 属 15 种；草本 24 科 81 属 159 种。川西北高原地区土地以优质的四川嵩草（*Kobresia setchwanensis*）、披碱草（*Elymu sdahuxlcu*）为主，随着沙化程度的加重，禾本科（Poaceae）和莎草科（Cyperaceae）草本逐渐丧失优势地位，逐渐被一些菊科（Compositae）、蔷薇科（Rosaceae）、毛茛科（Ranunculaceae）、瑞香科（Thymelaeaceae）等双子叶物种所替代。

表 2.20　川西北高原常见植物种类统计表

分类	科数	属数	种数
合计	31	91	177
裸子植物	1	1	1
被子植物	30	90	176
双子叶植物	27	77	157
单子叶植物	3	13	19

表 2.21　调查样地植物种类组成

科名	属性	种数	科名	属性	种数	科名	属性	种数
松科	1	1	牻牛儿苗科	1	1	车前科	1	1
杨柳科	2	5	豆科	4	6	桔梗科	4	6
胡颓子科	1	2	堇菜科	1	3	川续断科	2	3
蓼科	2	3	瑞香科	1	1	菊科	14	43
石竹科	1	1	柳叶菜科	1	2	禾本科	8	12
毛茛科	7	12	伞形科	2	2	莎草科	3	6
罂粟科	2	3	报春花科	1	2	百合科	2	3
十字花科	4	4	龙胆科	3	6	小檗科	1	2
景天科	1	1	紫草科	4	5	大戟科	1	1
虎耳草科	2	4	唇形科	7	10			
蔷薇科	5	16	玄参科	2	10			

2.3.7.1　常见的灌木植物

（1）灌木种类

本次调查，沙化土地常见灌木有 5 科 8 属 15 种，主要分布在中度、重度、极重度沙地上，呈零星，点状、簇状、团状分布，轻度沙地上灌木十分少见。常见灌木种类为沙棘属（Hippophe）、小檗属（Berberis）、锦鸡儿属（Caragana）、柳属（Salix）、委陵菜属（Potentilla）等。

（2）常见灌木植物

康定柳（*Salix paraplesia* Schneid.）：落叶小乔木或灌木，多分枝，牛羊喜食其嫩枝叶。康定柳广泛分布于川西北高原，在自然状态下主要分布在海拔 2 900~4 400 米河沟边和一级阶地。由于其适应性广，耐干旱、抗风蚀、耐沙埋、不怕严寒，20 世纪 70 年代以来在若尔盖、红原等县利用康定柳进行沙地治理，取得了显著效果。20 世纪 70 年代在若尔盖辖曼乡极重度沙地治理中所营造的康定柳平均株高已达3米，且沙丘已被固定。随着育苗技术的成熟，康定柳被广泛应用于川西北高原沙化土地治理工程，已成为川西北高原优良的防风固沙植物材料。

本次调查，自然状态下康定柳在沙化草地上鲜有分布，所发现的康定柳均为以往人工治沙造林的保存植株，盖度在20%~70%之间，呈簇状分布，植株高多在1.6~2.4米之间。康定柳灌丛下草本盖度较低（10%~30%），主要以委陵菜属（Potentilla）、酸模属（Rumex）、早熟禾属（Poaalpigena）常见。

窄叶鲜卑花［Sibiraea angustata (Rehd.) Hand.］：蔷薇科鲜卑花属落叶灌木，因叶片长披针形或倒披针形而得名。窄叶鲜卑花喜光，耐寒性强、耐干旱、耐瘠薄。对土壤要求不严，适生于中性和微酸性土壤。

窄叶鲜卑花在沙化草地上主要分布在沙地的边缘区，呈零星点状、丛状分布，盖度多在30%以下，高约0.18~1.0米，灌木层常混生有高山绣线菊（*Spiraea aipina* Pall.），金露梅等。草木层盖度10%~40%，无明显优势种，常见种为羊茅（*Festuca ovina* L.）、狭叶垂头菊（*Gremanthodium angustifolium* W. W. Smith.）、高山唐松草（*Thalictrum alpinum* L.）、乳浆大戟（*Euphorbia esula* L.）、黄芪（*Astragalus*）等。

西藏沙棘（*Hippophe thibetana* Schlecht.）：矮小灌木，高4~60厘米，生命力顽强，具有耐干旱、耐严寒、耐瘠薄等特点，在川西北主要分布于甘孜州南部和阿坝州北部，主要生于高原宽谷的河岸及沙滩。

本次调查，自然状态下西藏沙棘在沙化草地上鲜有分布，所发现的西藏沙棘均为以往人工治沙造林保存的植株，盖度在20%~50%之间，呈簇状分布，植株高多在40~50厘米之间。由于缺乏后期管护，西藏沙棘灌丛下草本盖度较低（10%~30%），主要以披碱草、早熟禾、委陵菜、酸模为常见。

高山绣线菊（*Spiraea aipina* Pall.）：灌木，高50~120厘米。在川西北分布极为普遍，但多呈零星小块状分布于宽谷下部，高山锈线菊常与金露梅、细枝绣线菊（*Spiraea myrtilloides* Rehd.）混生，构成灌木层，丛高常在50厘米以下，草本层植物优势种不明显。

高山锈线菊在中度和重度沙化草地上较常见，多是草地退化后形成的植被，呈小块状分布，盖度在20~60%之间，草本层盖度多在20%~40%之间，主要有四川嵩草（*Kobresia setchwanensis* Hand.）、高山嵩草（*Kobresia pygmaea* C. B. Clarke.）、羊茅、珠芽蓼、早熟禾、钉柱委陵菜（*Potentilla saundersiana* Royhe）等。

金露梅（*Potentilla fruticosa* L.）：落叶灌木，高0.5~2米，枝叶柔软，马、羊喜食，牛也采食。金露梅在川西北高原分布极为普遍，可以耐-50℃低温，喜微酸至中性土壤、耐干旱、瘠薄。多呈零星小块状分布于宽谷，常混生的灌木有柳、窄叶鲜卑花、鲜黄小檗（*Berberis diaphana* Maxim.）等，草本层植物优势种不明显。

金露梅在沙地上多呈小块状分布，盖度在15%~60%之间，由于牛羊啃食和践踏，高度多在12厘米左右，草本层中珠芽蓼、羊茅、淡黄香青（*Anaphalis flacescens* Hand.）、青藏金莲花（*Trolliuspumilus* D. Don var. tanguticus Bruhl）、高原毛茛［*Ranunculus tangu-*

ticus（Maxim.）Ovcz.］、条叶银莲花［*Anemone trullifolia* Hook . f. et Thoms var. linearia（Bruhl）Hand.］等占有一定的优势，常见的草本植物还有圆穗蓼（*Polygonum macrophyllum* D. Don）、马先蒿、双花堇菜（*Viola biflora* L.）等。

川西锦鸡儿（*Caragana erinacea* Kom）：落叶灌木，高 30~60 厘米，喜光、耐寒、耐旱、耐瘠薄、适应性强，可生于岩石缝中，根深，有根瘤。在川西北高原主要分布在林内、灌丛中、草地上或流石滩上。

川西锦鸡儿在沙化草地上呈团状零星分布，高度约 5~20 厘米。草本层盖度低，约 15%~40%，主要是披碱草、二裂委陵菜、马先蒿、早熟禾、酸模等。

白刺花（*Sophor adavidii*（Franch.）Skeels）：小灌木，喜光，耐寒，耐干旱贫瘠。在川西北高原主要分布在河谷灌丛中。

白刺花在沙地上主要分布于中度沙地、重度沙地上，呈团状零星分布，高度约 20~30 厘米。草本层盖度低，约 20%~40%，主要是早熟禾、披碱草、二裂委陵菜、马先蒿等。

2.3.7.2 常见的草本植物

（1）草本植物种类

经调查统计，川西北高原沙化草地常见草本有 25 科 82 属 161 种。随着沙化程度的加重，禾本科（Poaceae）和莎草科（Cyperaceae）草本逐渐丧失优势地位，逐渐被一些菊科（Compositae）、蔷薇科（Rosaceae）、毛茛科（Ranunculaceae）、瑞香科（Thymelaeaceae）等物种所替代。这些植物多具有较强的抗寒旱、快速繁衍、根系不发达、抗啃食等特性。

（2）常见草本植物

高山嵩草：高山嵩草为莎草科多年生草本植物，根茎密丛型，生活力很强，能耐低温寒冷的气候。多分布于海拔 3 800~4 500 米的高原地带。高山嵩草地上部低矮，一般仅 1~3 厘米，生长良好时 3~5 厘米，与其伴生的禾草和杂类草也仅 5~10 厘米，而其地下根系都很发达，致使土壤形成致密的草根盘结层，厚达 10 厘米以上。在轻度、中度沙地中高山嵩草较为常见。

四川嵩草：为莎草科多年生草本植物，高 20~50 厘米，生于海拔 3 400~4 200 米地段。在川西北高原有大面积分布，形成莎草亚高山草甸。四川嵩草草甸群落低矮，层次不明显。在轻度、中度沙地中四川嵩草较为常见。

垂穗披碱草：禾本科披碱草属多年生疏丛型草，须根系，秆直立，株高 60~120 厘米。生长特性为抗寒、抗旱、耐盐碱、耐牧性强，适应性广，适宜于寒冷干燥地区沙质地。

老芒麦：禾本科披碱草属多年生疏丛型草，株高 70~120 厘米，适应性强，耐寒、对土壤要求不严，分蘖力强，再生能力强，耐践踏，适于在高原生长。在各种沙化程度的沙地上均有发现，在重度和极重度沙地中也能顽强生长。

早熟禾：早熟禾为禾本科一年生草本，喜光，耐寒性、耐旱性强，高 8~30 厘米，对土壤要求不严，耐瘠薄。在重度和极重度沙地中也能顽强生长。

燕麦：禾本科一年生草本植物，须根发达，根系较浅，茎秆丛生，稍直立，茎高通常 50~120 厘米，生长快，再生能力强，适于在高原沙地生长。

2.3.7.3　沙化区植被

植被就是覆盖地表的植物群落的总称，植物群落的成分是各种植物。随沙化程度加重，植物群落组成及特征不断变化，主要组成种、植被盖度及物种数均发生不同程度变化（详见表 2.22）。

表 2.22　　不同沙化程度植物生物量及群落组成

沙化程度	盖度（%）	高度（厘米）	生物量（千克/公顷）	群落主要组成种
非沙地(对照)	95~100	25	4 031~9 106	四川嵩草、二裂委陵菜、蛇含委陵菜、黄芪等
轻度沙地	40~95	7	2 513~8 839	四川嵩草、蛇含委陵菜等
中度沙地	25~40	25	1 826~2 530	高山锈线菊、四川嵩草、早熟禾、披碱草、狭叶垂头菊、二裂委陵菜、草玉梅、黄芪、锦鸡儿、火绒草、车前、葛缕子、蛇含委陵菜、黄芪、垂穗披碱草、香青、狼毒、羊茅、锦鸡儿、白刺花、刺红珠等
重度沙地	10~25	15	184~1 851	高山锈线菊、早熟禾、珠芽蓼、聚头蓟等
极重度沙地	<10	5	119~167	早熟禾、老芒麦、垂穗披碱草、银莲花、香青、二裂委陵菜、四川嵩草、圆穗蓼、黄芪、乳浆大戟、垂头菊、狼毒、柳叶菜、聚头蓟、珠芽蓼、酸模、毛茛、马先蒿等。

2.3.7.3.1　非沙地（对照）植被

（1）主要植物及植被盖度、高度

本次调查的对照植被盖度多在 95%~100%之间，每个样地内植物种类（盖度 1%以上）多在 5~10 种之间，群落平均高度约 25 厘米。

对照植被中主要优势种多为四川嵩草、二裂委陵菜、蛇含委陵菜、黄芪等，样地中通常由上述 2~3 种植物组成优势种。

对照植被中无明显亚优势种。常见伴生种多为狭叶垂头菊、珠芽蓼、酸模、四川嵩草、银莲花、火绒草（*Leontopodium*）、圆穗蓼、香青（*Anaphalis*）、高原毛茛、乳浆大戟、蒲公英（*Taraxacum*）、东俄洛紫菀（*Aster tongolensis* Franch.）等，通常由上述 4~7 种（盖度 1%以上）植物共同组成伴生种。

（2）生物量

总生物量：非沙地总生物量在 4 031~9 106 千克/公顷之间，平均值为 7 235 千克/公顷。

地上部分生物量：非沙地地上部分生物量在 1 965~3 259 千克/公顷之间，平均值为 2 612千克/公顷。

地下部分生物量：非沙地地下部分生物量在2 324~6 925千克/公顷之间，平均值为4 623千克/公顷。

2.3.7.3.2　轻度沙地植被

（1）主要植物及植被盖度、高度

轻度沙地地植被盖度多在40%~95%之间，植物种类（盖度1%以上）多在5~12种之间，群落平均高度约7厘米。

轻度沙地植被主要优势种多为四川嵩草、蛇含委陵菜（*Potenilla kleiniana* Wight. et Arn.）等，样地中通常由上述种1~2种植物组共同组成优势种。亚优势种多为狼毒（*Stellera chamaejasme* L.）、蛇含委陵菜、黄芪、香青等，通常由上述种1~3种植物组共同组成亚优势种。常见伴生种（盖度1%以上）多为二裂委陵菜、香青、高原毛茛、火绒草、四川嵩草、狭叶垂头菊、早熟禾、蒲公英、酸模、圆穗蓼、细叶蓝钟花（*Gyananthus delavayi* Franch.）等，样地中通常由上述种5~9种植物组共同组成伴生种。

（2）生物量

总生物量：轻度沙地总生物量在2 513~8 839千克/公顷之间，平均值为5 676千克/公顷。

地上部分生物量：轻度沙地地上部分生物量在600~3 031千克/公顷之间，平均值为1 816千克/公顷。

地下部分生物量：轻度沙地地下部分生物量在1 913~5 808千克/公顷之间，平均值为3 861千克/公顷。

2.3.7.3.3　中度沙地植被

（1）主要植物及植被盖度、高度

本次调查的中度沙地植被盖度多在25%~40%之间，植物种类（盖度1%以上）多在11~20种之间，群落平均高度约25厘米。

中度沙地植被中主要优势种多为四川嵩草、早熟禾、披碱草、狭叶垂头菊、二裂委陵菜、草玉梅（Anemone rivularis Buch）、黄芪、锦鸡儿、火绒草、车前（Plantago asiatica L.）、蛇含委陵菜、黄芪、垂穗披碱草、香青、狼毒、羊茅、锦鸡儿、白刺花等，样地中通常由上述种3~5种植物共同组成优势种。

常见伴生种（盖度1%以上）多为早熟禾、酸模、马先蒿、狼毒、蒲公英、风毛菊（Saussurea）、垂穗披碱草、珠芽蓼、香青、乳浆大戟、高原毛茛等。

（2）生物量

总生物量：中度沙地总生物量在1 826千克/公顷~2 530千克/公顷之间，平均值为2 178千克/公顷。

地上部分生物量：中度沙地地上部分生物量在436千克/公顷~866千克/公顷之间，平均值为651千克/公顷。

地下部分生物量：中度沙地地下部分生物量在1 390千克/公顷~1 664千克/公顷之间，平均值为1 527千克/公顷。

2.3.7.3.4 重度沙地植被

(1) 主要植物及植被盖度、高度

重度沙地植被盖度多在10%~25%之间，每个样地内植物种类（盖度1%以上）多在14~17种之间，群落平均高度约15厘米。

主要优势种多为早熟禾、珠芽蓼、聚头蓟等，样地中通常由上述种2~3种植物占优势。常见伴生种多为狭叶垂头菊、草玉梅、二裂委陵菜、黄芪、乳浆大戟、黄花马先蒿、香青、高原毛茛、银莲花等。

(2) 生物量

总生物量：重度沙地总生物量在184千克/公顷~1 851千克/公顷之间，平均值为1 018千克/公顷。

地上部分生物量：重度沙地地上部分生物量在46千克/公顷~643千克/公顷之间，平均值为191千克/公顷。

地下部分生物量：重度沙地地下部分生物量在138千克/公顷~1 208千克/公顷之间，平均值为673千克/公顷。

2.3.7.3.5 极重度沙地植被

(1) 植被盖度、高度及主要物种

本次调查的极重度沙地植被盖度多在10%以下，无明显优势种，每个样地内植物种类多在3~7种之间，每种植物盖度均不大于2%，群落平均高度约5厘米。

极重度沙地中出现的草种主要为早熟禾、老芒麦、垂穗披碱草、银莲花、香青、二裂委陵菜、四川嵩草、圆穗蓼、黄芪、乳浆大戟、垂头菊、狼毒、柳叶菜（*Epilobium hirsutum* L.）、聚头蓟［*Cirsium souliei*（Franch.）Mattf.］、珠芽蓼、酸模、毛茛、马先蒿等。

(2) 生物量

总生物量：极重度沙地总生物量在119千克/公顷~167千克/公顷之间，平均值为138千克/公顷。

地上部分生物量：极重度沙地地上部分生物量在24千克/公顷~76千克/公顷之间，平均值为48千克/公顷。

地上部分生物量：极重度沙地地下部分生物量在72千克/公顷~111千克/公顷之间，平均值为90千克/公顷。

2.4 川西北高原沙化土地特征

(1) 沙化土地类型以露沙地为主

川西北高原沙化土地面积68.97万公顷中，露沙地面积51.01万公顷，占区域沙化土地面积的74.0%，在沙化土地类型中占绝对优势。其次是固定沙地面积14.90万公顷，占21.6%（详见图2.8）。

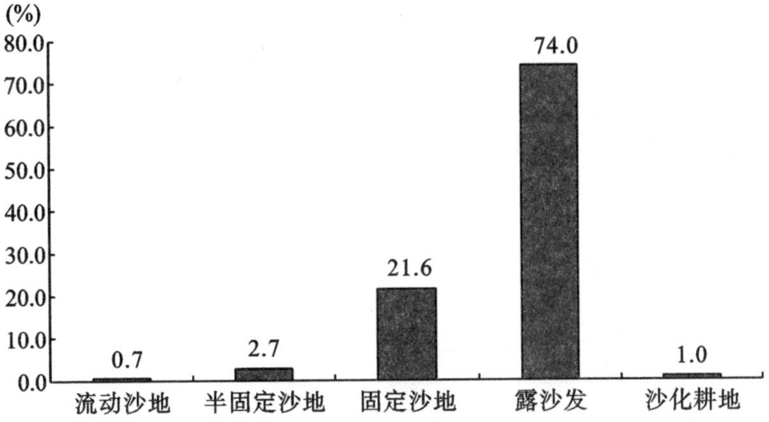

图 2.8　川西北高原各沙化土地类型面积百分比

（2）沙化土地利用现状以草地为主

川西北高原沙化土地 68.97 万公顷中，沙化草地面积 56.32 万公顷，占沙化土地总面积的 81.7%；其次是林地面积 11.52 万公顷，占 16.7%。这与川西北高原以牧业和林业发展为主的现实相吻合（详见图 2.9）。

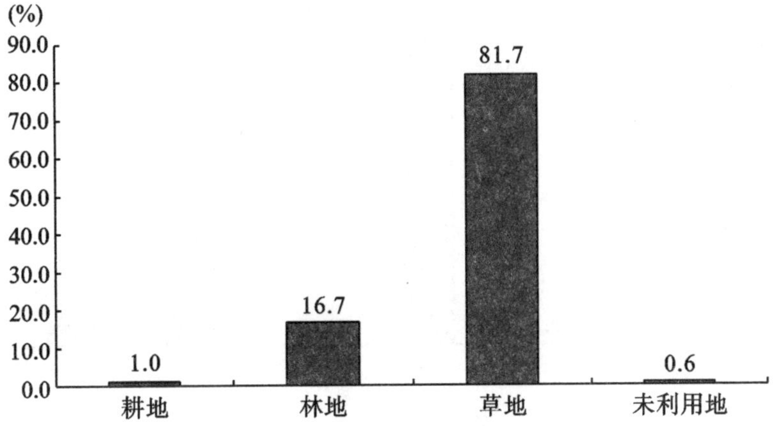

图 2.9　川西北高原沙化土地利用类型面积百分比

（3）沙化土地沙化程度以轻度沙化为主

川西北高原沙化土地 68.97 万公顷中，轻度沙化土地面积 57.20 万公顷，占沙化土地总面积的 82.9%；其次是中度沙化土地面积 8.53 万公顷，占 12.4%。这反映了川西北高原土地沙化时间相对较短，沙化程度相对较轻，这反映了研究区土地沙化与近几十年来人畜迅猛增长、过度放牧有着密切联系（详见图 2.10）。

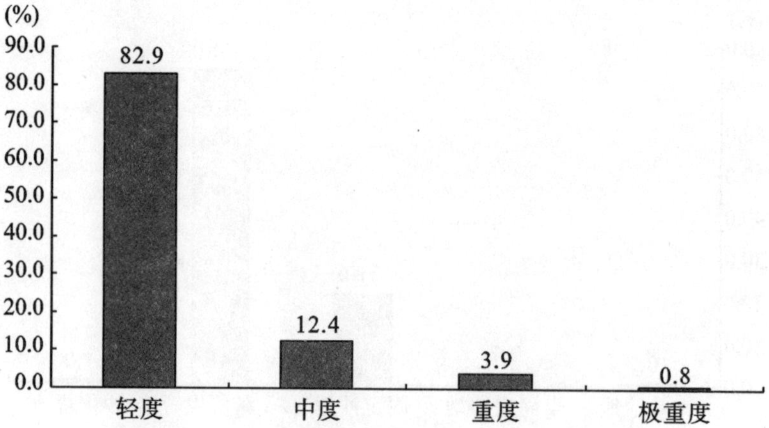

图 2.10　川西北高原沙化土地沙化程度面积百分比

（4）沙化土地植被覆盖类型以灌、草型植被为主

川西北高原沙化土地 68.97 万公顷中，覆盖灌、草型植被的面积 47.08 万公顷，占 68.3%；其次是覆盖草本的面积 14.30 万公顷，占 20.7%（详见图 2.11）。

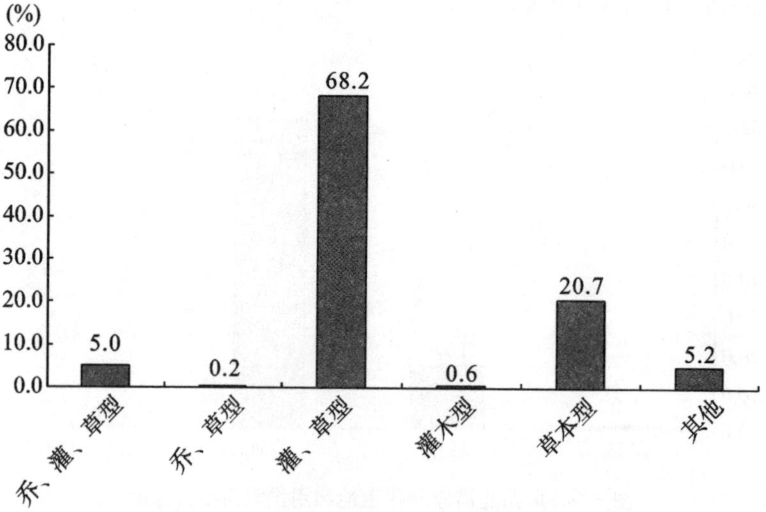

图 2.11　川西北高原沙化土地植被覆盖类型面积百分比

（5）沙化土地植被盖度以 50%～59%为主

川西北高原沙化土地面积 68.24 万公顷（不含沙化农耕地 0.73 万公顷）中，植被盖度在 50%～59%之间的沙化土地面积达 47.52 万公顷，占川西北高原沙化土地总面积的 69.6%。其植被盖度在 30%～39%、40%～49%、60%～69%、70%～79%四个等级的面积百分比相差较小（详见图 2.12）。

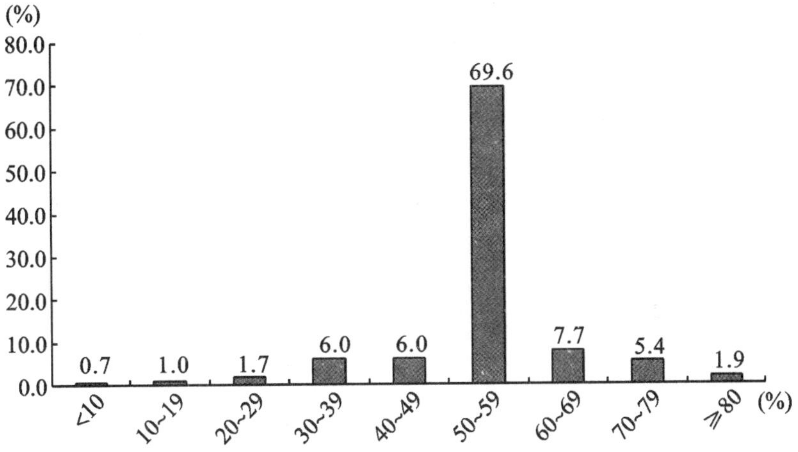

图 2.12　川西北高原沙化土地植被盖度级面积百分比

（6）沙化土地的土壤砂粒含量高，且砂粒含量随沙化程度加重而增大

川西北高原沙化土地的土壤机械组成整体较粗，非沙地（对照）0~40 厘米深度层内>0.05 毫米的砂粒含量平均高达 59.85%，粉粒含量平均为 23.43%，而<0.002 毫米的粘粒含量平均只占 16.72%，表明研究区土壤中有较多的砂粒物质，为土地沙化的发生发展提供了物质基础。同时，随着非沙地（对照）→轻度沙地→中度沙地→重度沙地→极重度沙地的沙化程度逐步加重，土壤机械组成不断变化。其中，砂粒（>0.05 毫米）含量随沙化程度的加重呈增加趋势，粉粒（0.05~0.005 毫米）和粘粒（<0.002 毫米）含量则随沙化程度的加重呈减少趋势（详见图 2.13）。

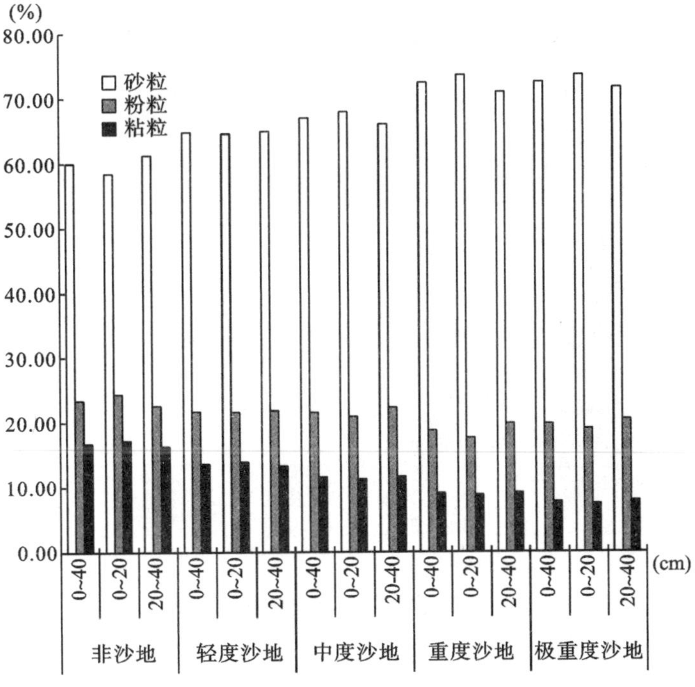

图 2.13　不同沙化程度土壤机械组成变化趋势图

(7) 沙化土地的土壤有机质、全 N、全 P、速效养分等含量随沙化程度加重而下降

在川西北土地沙化的进程中，土壤绝大部分理化性质趋于向不良方向演化，并且随沙化程度的加重，土壤物理性质的不良变化从表层向下层发展。除全 K 含量无明显规律外，各项理化性质指标的变化都有明显的规律，其中土壤砂砾含量、土壤容重、土壤 pH 随沙化程度的加重呈上升的趋势；土壤粉粒、粘粒、有机质、全 N、全 P、速效 N、速效 P、速效 K 等含量随沙化程度的加重总体上呈下降的趋势（见图 2. 14、图 2. 15、图 2. 16、图 2. 17、图 2. 18、图 2. 19）。轻度沙地是因其沙化程度较轻，其个别理化性质指标与非沙地（对照）相对接近，当沙化土地发展到中度沙地及之后，各项土壤理化性质指标开始出现明显变化。

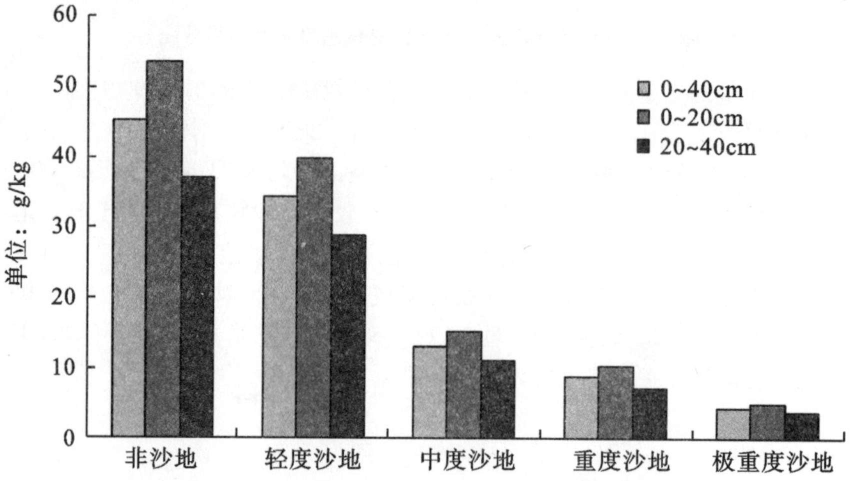

图 2. 14　不同沙化程度土壤有机质变化趋势图

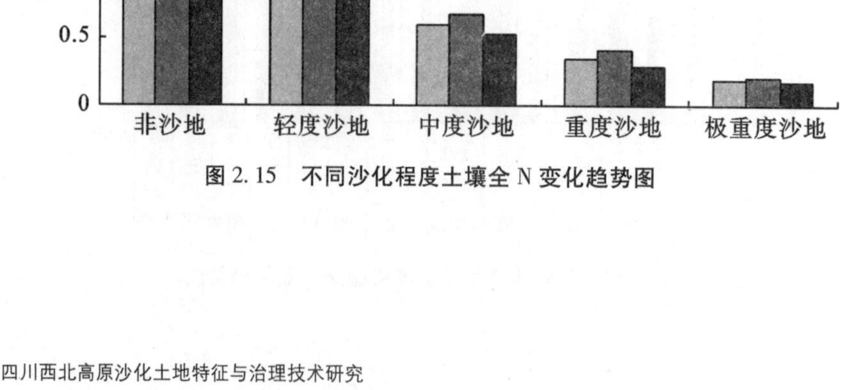

图 2. 15　不同沙化程度土壤全 N 变化趋势图

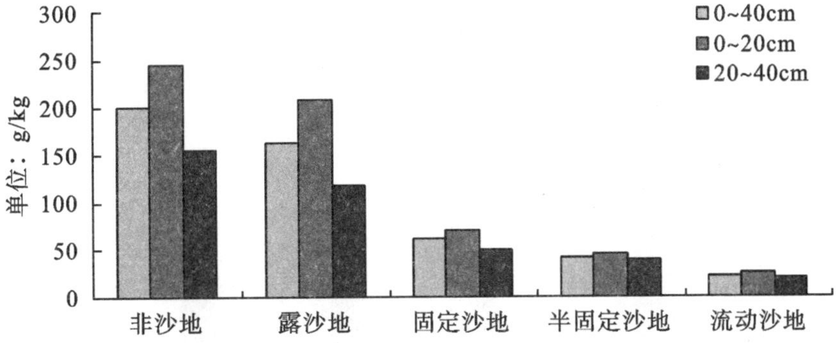

图 2.16　不同沙化程度土壤速效 N 变化趋势示意图

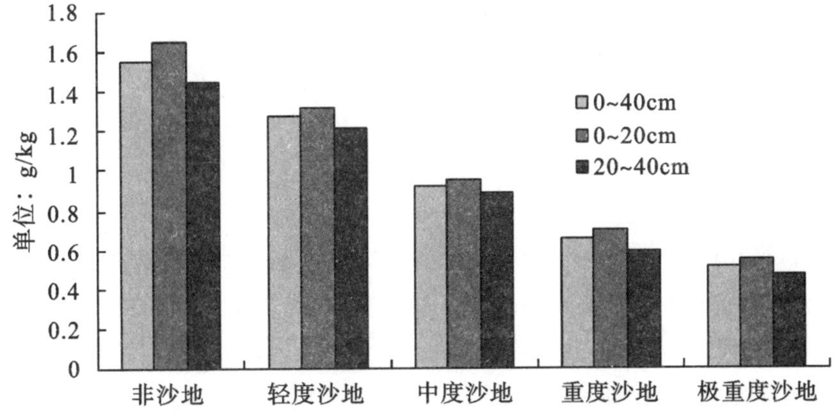

图 2.17　不同沙化程度土壤全 P 变化趋势示意图

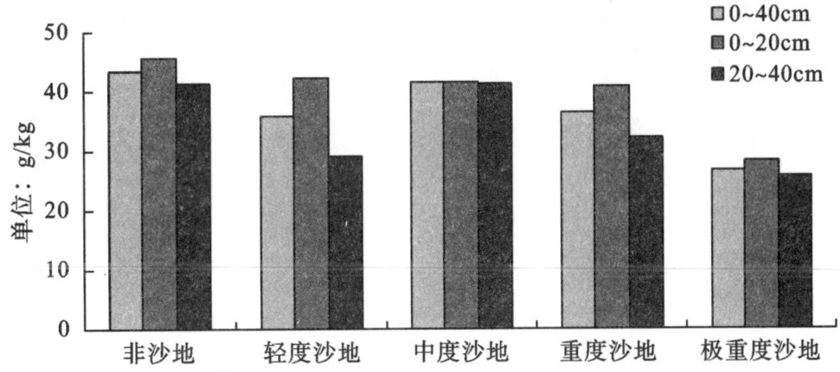

图 2.18　不同沙化程度土壤速效 P 变化趋势示意图

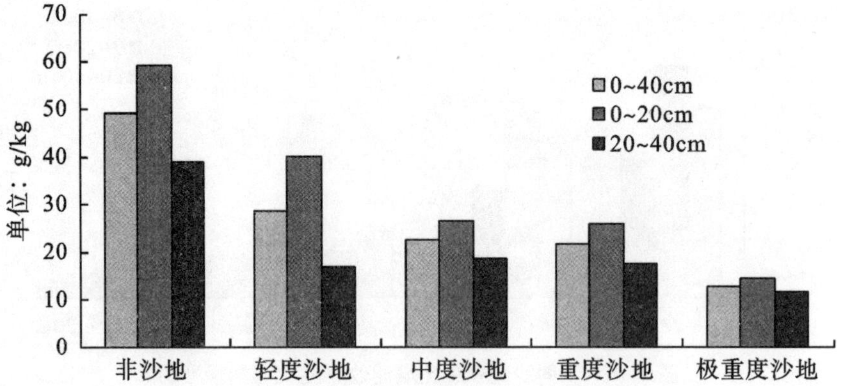

图 2.19　不同沙化程度土壤速效 K 变化趋势示意图

（8）沙化土地植物物种多样性较低

川西北高原沙化土地常见植物有 31 科 91 属 177 种，种数占全省维管束植物种数的比例不到 2%。其中裸子植物有 1 科 1 属 1 种，被子植物有 30 科 90 属 176 种。土地沙化程度不同植物种类有所差异，其中：轻度沙地常见植物有 136 种、中度沙地常见植物 123 种、重度沙地常见植物 78 种。

不同群落的组成变化是物种适应性和群落环境变化相互作用的结果。在沙化加重过程中，优良牧草衰退，毒杂草增加，植物多样性下降，群落稳定性较差，导致植被退化。随着沙化程度的加重，沙地植物种类数量为中度沙地>重度沙地>轻度沙地>非沙地（对照）>极重度沙地。在各沙化程度调查样地中，中度沙地植物种类数量最多，为 14~20 种，平均为 17 种；其次为重度沙地，为 14~17 种，平均为 15 种；轻度沙地为 6~12 种，平均为 9 种；极重度沙地 3~7 种，平均为 5 种。非沙地（对照）为 5~9 种，平均为 7 种。中度沙地、重度沙地、轻度沙地植物种类数量高于非沙地（对照）的主要原因可能是：在土壤在沙化过程中，土壤微环境改变，造成中度沙地和重度沙地及轻度沙地中植物竞争激烈，群落优势种植物的生长受到抑制，不能完全占据所有的生态位，这就使其他植物有了生长的空间，使得群落的丰富度反而增大，所以植物种类数量较多。同时，由于土地沙化也造成一些适生性强，偏旱生的草种如狼毒、火绒草、蒲公英等生长，这也增加了这几种沙化草地中物种的数量。而在极重度沙地中由于干扰程度的加大，一些不耐旱的优势种植物消失，群落主要由一些耐旱的植物种组成，使得植物种类数量减少（详见图 2.20）。

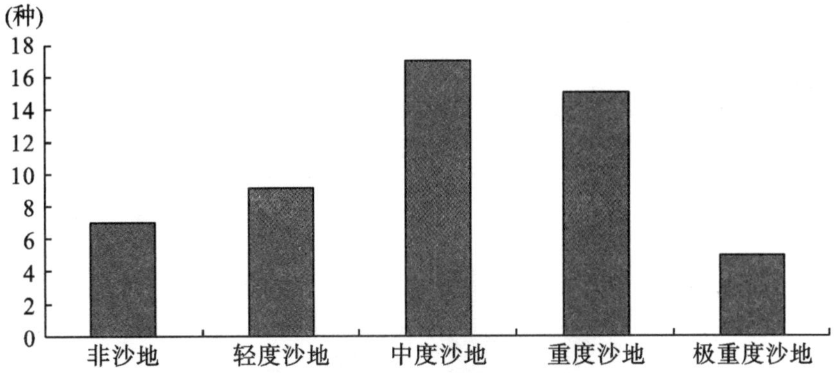

图 2.20　不同沙化程度沙地植物种数量（平均）示意图

随着沙化程度的变化，群落优势种数也呈现规律性变化，由高到低依次为：中度沙地>重度沙地>轻度沙地>非沙地（对照）>极重度沙地（无明显优势种或通常只有 1 种）。在各种沙化程度沙地调查样地中，中度沙地群落优势种数量最多，为 3~5 种，平均为 4 种；其次为重度沙地，为 2~3 种，平均为 3 种；轻度沙地为 1~2 种，平均为 2 种；非沙地（对照）多 2~3 种，平均为 3 种。在沙化的过程中，顶级群落衰退后，出现各种次生群落，次生群落类型较多，出现相对较多的优势种，这主要是由于在土地沙化进程中，土壤微环境改变，次优势种与主要伴生种共同挤占优势种的优势地位，使得优势种对群落的影响作用下降。非沙地（对照）的群落优势种数量少于中度沙地、重度沙地、轻度沙地的主要原因是由于非沙地（对照）的土壤状况良好，植物竞争相对较少，群落优势植物的生长稳定（详见图 2.21）。

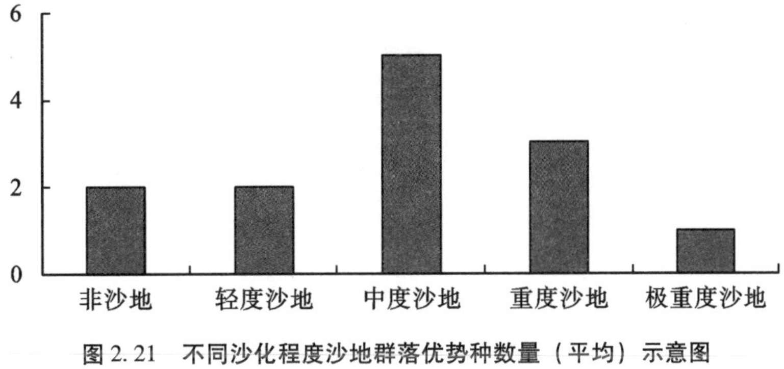

图 2.21　不同沙化程度沙地群落优势种数量（平均）示意图

（9）沙化土地的生物量随沙化程度的加重而减小

生物量是衡量草地生产能力的主要指标，沙化对草地最直接的影响就是导致草地的地上生物量下降，生产能力降低。随着沙化程度的加重，总生物量、地上和地下部分生物量均呈现降低的趋势：非沙地（对照）>轻度沙地>中度沙地>重度沙地>极重度沙地。随着沙化程度的加深，优良牧草种类数量逐渐减少，杂草和有害植物逐渐增多，优良牧草衰退，毒杂草增加，偏旱生的狼毒、火绒草、蒲公英大量生长，草地放牧利用价值已逐渐丧失（详见图 2.22）。

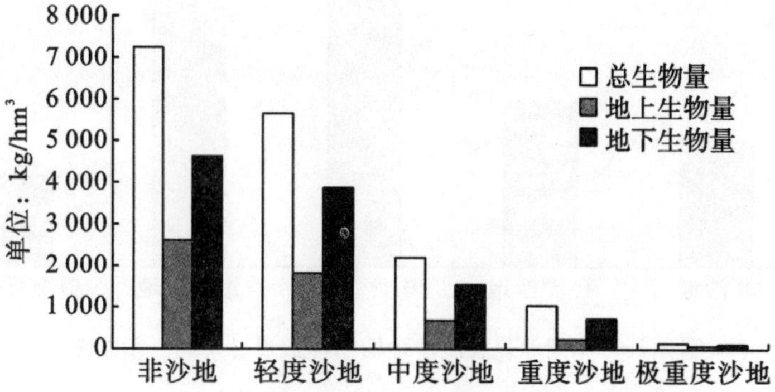

图 2.22　不同沙化程度沙地生物量（平均）示意图

研究区土地原来有灌木和草本植物覆盖，近现代以来，人畜活动干扰加剧，草地鼠害加重以及自然因素的影响，导致川西北高原地区土地退化（沙化）。因此，川西北高原地区沙化自然植被消失的时间较短，沙化大多处于初始阶段（轻度沙化），尽管土壤理化性质发生了一些变化，但还具有植物生长所需的土壤结构和水、热、养分条件，即使较为严重的沙化地，也生存着较多的植物种类，因此，通过沙化土地综合治理，恢复沙化土地植被，减少沙化危害具有可行性。

3 川西北高原沙地立地分类研究

立地分类是根据自然属性的相似性和分异性，划分或组合成不同等级的立地单元。立地分类是沙化土地治理技术的基础工作，关系到沙化治理的成败和质量。本研究从沙化土地治理角度出发，针对川西北高原沙化区地貌、地质、沙化程度、土壤、植被的特殊性研究沙化土地立地分类。

3.1 立地分类原则

3.1.1 分区分类的原则

分区分类是同一立地分类系统中不同水平级的划分。分区具有地域区划的特征和特定的地理位置和空间，是分类系统中高级控制单位。分类是对相似和相异地段进行归并和划分，这些地段可重复出现，在地域上不连续。

3.1.2 主导因素原则

川西北高原沙区土地沙化受多种因素的作用。以自然因素为立地分类的依据已广泛被人们接受和采用，包括地形地貌条件、气候条件、沙化状况、土壤条件等。按不同的分类等级确定一两个主要因素，划分各级立地单元。

3.1.3 科学实用性原则

选择的立地因子必须具有明确的科学含义，且可以直观识别，易于掌握和判定，具有一定的空间尺度。

3.2 立地分类的等级

根据研究区的自然地理特点，依据分类原则，川西北高原沙地立地分类采用以下三级分类单位，即：

一级：立地区；

二级：立地类型组；

三级：立地类型。

3.2.1 一级 立地区

立地区是分类系统中的最高分类单元，它包括较大范围的地理区域，其划分主要依据地质、地貌和水热分异规律。划分出的具体区域是一个较大的、完整的生态系统，是由构造地貌所形成的大地貌单元。

立地区代号用罗马数字表示，如“Ⅰ、Ⅱ、Ⅲ……”。

3.2.2 二级 立地类型组

立地类型组是分类系统中分类的重要单元，是立地类型的组合，没有特定的地理位置，在立地区内可能重复出现。

立地类型组代号在立地区代号后加两位数的阿拉伯数字表示，如“Ⅰ-01”表示第Ⅰ立地区第1立地类型组。

3.2.3 三级 立地类型

立地类型是立地分类的基本单元，也是实施沙化土地治理技术的基本单元，立地类型之间的差异，就是生态系统局部的差异。同一个立地类型，其小地形、土壤特征，小气候、适宜树草种及限制条件都基本相同，并具有相似的生产力。

立地类型代号在立地类型组代号后加两位数的阿拉伯数字表示，如“Ⅰ-01-01”表示第Ⅰ立地区第1立地类型组第1立地类型。

3.3 立地区划分

3.3.1 立地区划分依据

以地质和地貌为主导因子，进行立地区划分。

（1）地质：地质主要是指地球的物质组成、结构、构造、发育历史等，包括地球的圈层分异、物理性质、化学性质、岩石性质、矿物成分、岩层和岩体的产出状态、接触关系，地球的构造发育史、生物进化史、气候变迁史，以及矿产资源的赋存状况和分布规律等。川西北高原沙化的形成和发生与区域地质构造有紧密关系，同一立地区地质构造特征相近。在石渠色达一带沙化分布区地质构造主要是三叠系中统、砂板岩，在若尔盖县红原一带沙化分布区地质构造主要是第四系河流冲积物、洪积物，在理塘县巴塘一带沙化分布区地质构造主要是三叠系上统花岗岩、砂岩。

（2）地貌：地貌即地球表面各种形态的总称。地表形态是多种多样的，成因也不尽相同，是内、外力地质作用对地壳综合作用的结果。内力地质作用造成了地表的起伏，控制了海陆分布的轮廓及山地、高原、盆地和平原的地域配置，决定了地貌的构造格架。而外营力（流水、风力、太阳辐射能、大气和生物的生长和活动）通过多种方式地质作用，对地壳表层物质不断进行风化、剥蚀、搬运和堆积，从而形成了地面的各种形态。在立地区划分中特别注重各区内地貌形态的相似性、区间地貌形态的差异性。同一立地区大地貌类型相同，地貌景观相似。在石渠色达一带沙化分布区地貌主要为丘状高原，海拔 3 900~4 500m，在若尔盖县红原一带沙化分布区地貌主要为平坦高原，海拔 3 500~3 700m，在理塘县巴塘一带沙化分布区地貌主要为高山山原，海拔 3 500~4 200m。

沙化土地分布：四川沙化土地分布具有明显的区域特征。主要分布在川西北高原和高山峡谷区（约占全省的92.4%）和川西南山地区（约占全省的5%）。

3.3.2 立地区划分结果

采用图像叠加法，在研究区内，依据《四川省地质图》（四川省地质局综合队主编 1978 年）、《四川省农业资源与区划》中的地貌图和沙化土地分布图，叠加分析确定立地区界线。

将研究区含有多个地质属性的地质图矢量化，按地质特征的相似性绘制研究区地质分区图。研究区分为冲积物、砂岩及板岩地层区（若尔盖县、红原等区域），深灰色砂岩地层区（石渠、色达等区域），花岗岩、灰岩及砂岩地层区（理塘县、巴塘等区域）。沿用《四川省农业资源与区划》中的地貌分区图进行矢量化，绘制研究区地貌分区图，地貌分为若尔盖县、红原丘状高原沼泽区，石渠、色达丘状高原区，沙鲁里山丘状山原区（理塘县、巴塘、稻城等区域）。利用 GIS 软件将地质分区图与地貌分区图叠加（见图 3.1），结合沙化土地分布图综合确定分区界线（见图 3.2）。二彩图见二维码。

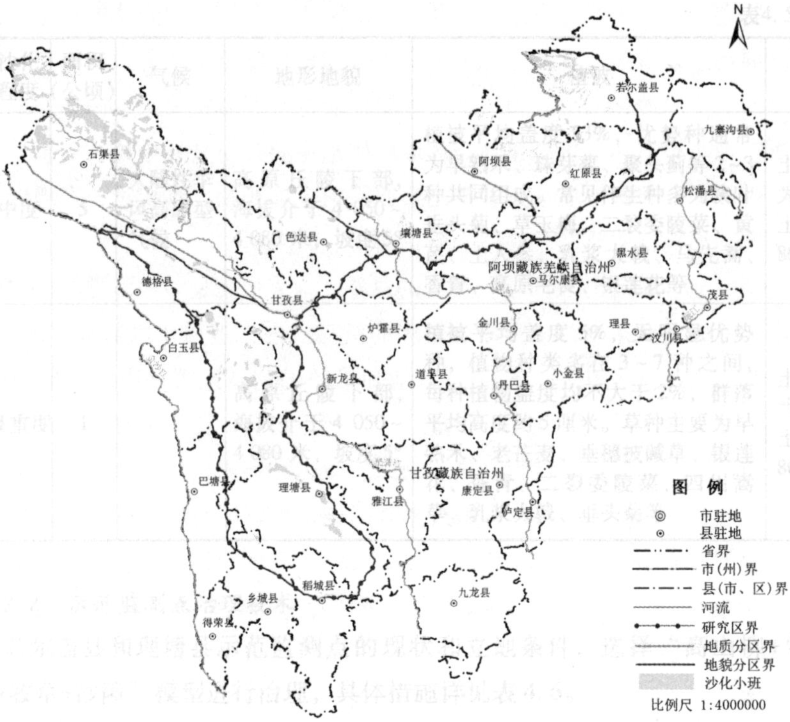

图 3.1　地质、地貌、沙化小斑叠加图

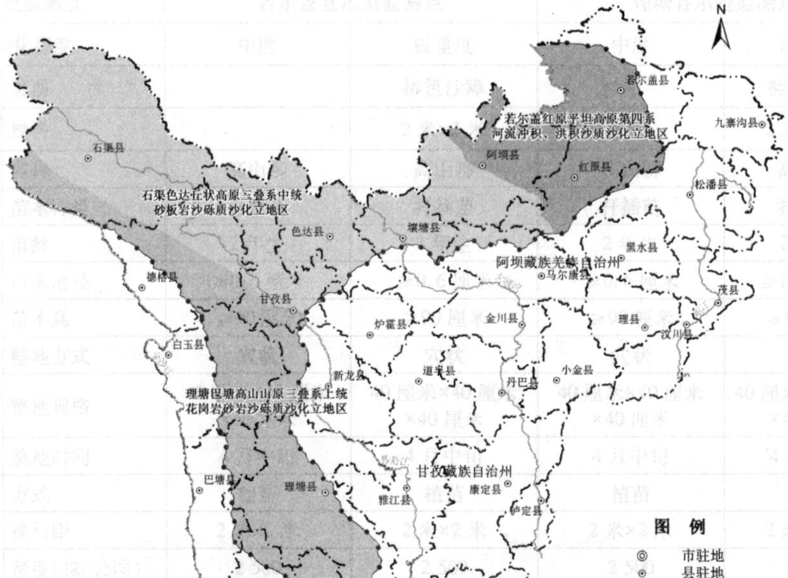

图 3.2　立地区划分结果图

按照立地区划分的依据，将研究区区划为3个立地区，分别是石渠色达丘状高原沙化立地区、若尔盖红原平坦高原沙化立地区、理塘巴塘高山山原沙化立地区，见图3.2。各区主要特征如表3.1所示。

表3.1　　川西北高原沙区各立地区主要特征

	石渠色达丘状高原沙化立地区（Ⅰ）	若尔盖红原平坦高原沙化立地区（Ⅱ）	理塘巴塘高山山原沙化立地区（Ⅲ）
总面积（平方千米）	46 157.8	17 328.2	31 771.7
沙化面积（万公顷）	45.41	9.70	13.86
占川西北高原沙化面积的比例（%）	65.84	14.07	20.09
主要地质构造	三叠系中统、砂板岩	第四系河流冲积物、洪积物	三叠系上统花岗岩、砂岩
地貌特征	地势高亢，地面切割微弱，丘状起伏，多由浅凹形的谷地与高圆形的丘陵交错分布，丘顶浑圆，丘坡平缓，谷地宽阔，丘谷相对高差数十米至数百米。	高原谷地开阔，地势平坦，黄河水系的白河与黑河迂回其间。	境内地势高亢，沙鲁里山纵贯全区，为山原地貌，平坦的高原面主要分布在海拔3 900米以上的地带。
海拔高度（米）	3 900~4 500	3 500~3 700	3 500~4 200
气候类型	大陆性季风高原型气候	大陆性季风高原型气候	大陆性季风高原型气候
年均温	-1.6℃~-0.2℃	0.8℃~3.2℃	-5.6℃~3℃
≥10℃积温	87~189℃	350℃~715℃	343.7℃~1 254.5℃
年降水量（毫米）	556.7~649.5	600-750	626.1~784.9
土壤	高山草甸土、沼泽土	亚高山草甸土、沼泽土、风沙土	高山草甸土、亚高山草甸土
植被	高山草甸、沼泽草甸	亚高山草甸、沼泽草甸	高山草甸、亚高山草甸

（1）石渠色达丘状高原沙化立地区

本区位于川西北高原的北部，包括甘孜州的石渠县、色达县、甘孜县的大部分地区和德格县、壤塘县、炉霍县的少部分地区，详见图3.2。

本区地势高亢，丘原地貌，并由西北向东南分为两个梯级：高的一级海拔4 400~4 800米，多数为4 500米，大部分丘陵的顶部位于此高度，低的一级海拔3 700~4 200米，多数为3 900米，大部分宽谷的底部位于此高度。境内金沙江、雅砻江等一些上游支流迂回其间，切割较浅，河谷宽平，丘顶浑圆，阶地广泛发育。出露地层以三叠系中统为主，主要母岩为砂板岩。本区气候严寒，据石渠、色达两县气象资料统计，年均温-0.2~-1.6℃，一月最冷，均温-11.9~-13℃，七月均温8.7~10.2℃，大于等于10℃的积温仅87~189℃，无绝对无霜期，年降水量556.7~649.5毫米；沙地分布区的土壤主要为高山草甸土，pH 值 5~6.5，其次为沼泽草甸土。沙化土地质地为沙砾质。沙地分布区植被以高山草甸为主，为本区的典型植被，其次为高山灌丛、沼泽草甸。

本区有沙化土地 45.41 万公顷，占川西北高原沙化面积 65.84%。本区沙化以轻度和中度为主，也是川西北高原轻度和中度沙地分布集中地区，轻度和中度沙地 39.61 万公顷，占川西北高原轻度和中度沙地 68.36%。本区沙化成因除过度放牧外，最直接的原因是鼠害。石渠县草场面积 209.14 万公顷，可利用草场 184.04 万公顷，理论载畜量 187.6 万羊单位。2009 年调查，草场实际总载畜量为 268.6 万羊单位，超载 43%。川西北草原鼠害动物主要包括鼠兔科和田鼠科的鼠和兔，对其危害一般统称为鼠害。主要鼠害动物种类：黑唇鼠兔、高原鼢鼠、根田鼠、青海田鼠、高原松田鼠、喜马拉雅旱獭等。在石渠调查中发现，最多每公顷黑唇鼠兔洞可达 4 000 个，根据洞口系数法（系数为 0.178）计算每公顷有鼠兔约 700 只；高原鼢鼠土堆每公顷可达 1 000 个，有鼢鼠约 56 只。

本区沙化治理以种草为主，采用生物药剂防治鼠害，通过围栏封育、合理载畜等措施进行综合治理。

石渠县沙化现状见二维码：

（2）若尔盖红原平坦高原沙化立地区

本区位于川西北高原的东端，包括红原县的西部和北部大部分地区、若尔盖县的大部地区（除巴西、铁布），阿坝县全部地区、壤塘县的北部地区、马尔康市的北部地区，松潘县的少部分地区，详见图 3.2。

本区地势高亢，起伏不大，谷地宽展平坦，丘陵平缓，顶面浑圆，平均海拔 3 500~3 700 米，黄河上游两大支流——白河与黑河纵贯全境，河流蜿蜒迂回，古河道发达，特别是白河与黑河的中、下游，第四系以来，地壳长期处于相对下沉阶段，谷地堆积物巨厚，地势平坦低洼，排水不良，形成大面积的湖沼与沼泽。另有长江水系大渡河支流——阿柯叶河，在阿坝县形成较宽阔的河谷盆地与阶地。地质以第四系河流冲积、洪积为主。若尔盖县与红原两县，因受地形，寒流等影响，常年无夏，一般无绝对无霜期，大于等于 10℃的积温仅 350℃左右，极端最高温度 25.6℃，极端最低温度-21.8℃，年降水量 600 毫米，年蒸发量达 1 064.6 毫米，相对湿度 64%，年大风日数 50 天。阿坝县由于地形原因，寒流不易入侵，热量条件稍佳，年均温为 3.2℃，最冷月均温-8.2℃，最热月均温 12.7℃，年降水量 705.2 毫米，大于等于 10℃的积温 715℃，无霜期 20~30 天。沙区的土壤主要为亚高山草甸土，一般土层较厚，土壤肥沃，呈酸性反应，pH 在 5 左右，其次为沼泽土和风沙土，风沙土集中分布在黄河及其支流黑河沿线，纵深达数十千米。沙地分布区植被组合以亚高山草甸为主，其次为沼泽草甸，草甸群落组成特点为高大疏丛型禾草与根茎密丛型莎草与杂类草层片占优势，因而草群较高，一般在 20 厘米以上，最高可达 1 米，分层明显，外貌鲜艳，富有季相变化。主要建群种与优势各为禾本科的垂穗披碱草与垂穗鹅观草、草地早熟禾、密花早熟禾、丽江剪股颖、羊茅和发草等。其次为莎草科的四川嵩草。此外，杂类草种繁多，常见的有鹅绒委陵菜、二裂委陵菜、草玉梅、条叶银莲花、钝裂银莲花、珠芽蓼、圆穗蓼、淡黄香青与长叶火绒草等。

本区有沙化土地 9.70 万公顷，占川西北高原沙化面积 14.07%，本区也是川西北高原重度和极重度沙地集中分布区，重度和极重度沙地 1.08 万公顷，占川西北高原重度和极重度沙地总面积 37.37%。本区域是川西北沙化程度最严重的地区。导致沙化的主要原因是超载过牧以及湿地破坏。草地超载过牧，致使草地板结，干燥龟裂程度加剧，加快了沙化进程。以若尔盖县为例，该县理论载畜量为 186.5 万个羊单位，2009 年实际载畜量为 328 万个羊单位，超载率达 76%。为扩大可利用草场面积，若尔盖县湿地在 20 世纪 70 年代普遍经历了大规模的开沟排水活动，若尔盖县和红原县共计开沟 700 多条，长约 1 000 千米，累计不同程度疏干、改造沼泽 20 万公顷，约占本区沼泽总面积 43.5%，在沼泽中开沟排水使得沼泽沿着沼泽→半沼泽→草甸→草地→沙化草地的趋势发展，局部疏干了的沼泽，现已经沙化。

本区沙化治理以遏制沙化扩展趋势，保护现有植被为重点。采用封育、人工种草、植灌、合理载畜等措施，遏制沙化、恢复湿地、保护草原。对重度和极重度沙地设置生物沙障，采取灌草结合的综合治理措施开展治理；对中度轻度沙地采用种草、封育管护、轮牧等措施。

若尔盖县沙化现状见二维码：

理塘县沙化现状见二维码：

（3）理塘巴塘高山山原沙化立地区

本区位于川西北高原的南部及西部，包括理塘县、白玉县的大部分地区，以及德格县、新龙县、甘孜县、巴塘县、乡城县、稻城县的部分地区，详见图 3.2。

本区地势高亢，沙鲁里山纵贯全区，海拔多在 3 800 米以上，为山原地貌，在河谷地带，沿岸有较宽阔的洪积、冲积阶地。出露地层以三叠系上统为主，主要岩石为花岗岩、砂岩。气候随地势变化差异较大，如本区南端的理塘县城，海拔 3 950 米，年均温 3℃，大于等于 10℃ 的积温 343.7℃，年降水量 784.9 毫米，而北边的甘孜县，海拔 3 393.5 米，年均温 5.6℃，大于等于 10℃ 的积温达 1 254.5℃，年降水量 626.1 毫米。沙地分布区土壤类型主要为高山草甸土与亚高山草甸土，质地为沙砾质。沙地分布区植被主要为高山草甸，其次为亚高山草甸，沼泽草甸则局限于理塘县城附近宽谷中。高山草甸主要分布在海拔 3 800~4 500 米之间的地区，密丛莎草层片占绝对优势，其次为杂类草与密丛禾草层片，疏丛禾草种类与个体数量都较少。草层低矮，一般高度在 20 厘米以下，分层不明显，组成种类较少，建群种主要为高山嵩草，其次有四川嵩草、线叶嵩草与羊茅。高山嵩草草甸分布最广，面积最大，占主要地位，其次为杂类草草甸，虽然分布较广，但面积较小。优势种常见的为淡黄香青、乳白香青、长叶火绒草、圆穗蓼、风毛菊、黄花棘豆和甘肃棘豆等。

本区有沙化土地 13.86 公顷，占川西北高原总沙化土地总面积 20.09%。本区沙化土地主要分布在山原地段，沙化成因主要是过牧和人为植被破坏。理塘县在 1970—1980 年，在“农业学大寨”期间，在草场周边建设围栏，就地取材，将草皮（事实上是数十年，甚至上百年的多年生宿根草本的地下部分）用作“草砖”，围成围墙，称为“草库囵”。其高约 50 厘米，高 150 厘米。围了数万公顷草地，直接造成县城周围部分区域沙质土壤外露，加上放牧、雨水冲刷，导致土地沙化。

本区治理主要是加强对沙区及周边植被的管护工作，通过封育、人工种草、植灌、封育管护等措施恢复植被。

3.4 立地组划分

3.4.1 立地组划分依据

在立地分区的基础上，根据各区的特点综合分析确定立地组划分的主导因子。土壤是立地地段的本质特征，是对气候和地貌条件综合反映的实体，土壤的质量和容量是确定立地资源利用方向的主要因素。土壤类型的不同代表着土壤肥力和承载力强度的不同，其植被恢复措施也有所不同。土壤类型在地域上通常具有较大尺度，作为立地类型组划分的依据较为适宜。因此立地组划分以土壤类型（土壤亚类）为依据。

川西北高原沙化区土壤类型有高山草甸土、亚高山草甸土、沼泽土、风沙土及冲积土。

3.4.2 立地组划分结果

根据前述立地类型组划分的依据，分别不同的立地区共划分 11 个立地类型组，其中石渠色达丘状高原沙化立地区 3 个，若尔盖红原平坦高原沙化立地区 4 个，理塘巴塘高山山原沙化立地区 4 个（详见表 3.2）。

表 3.2 川西北高原沙区立地类型表

立地区		立地类型组	
名称	编号	名称	编号
石渠色达丘状高原沙化立地区	Ⅰ	丘状高原高山草甸土组	Ⅰ-01
		丘状高原沼泽土组	Ⅰ-02
		丘状高原冲积土组	Ⅰ-03
若尔盖红原平坦高原沙化立地区	Ⅱ	平坦高原风沙土组	Ⅱ-01
		平坦高原亚高山草甸土组	Ⅱ-02
		平坦高原沼泽土组	Ⅱ-03
		平坦高原冲积土组	Ⅱ-04
理塘巴塘高山山原沙化立地区	Ⅲ	高山山原高山草甸土组	Ⅲ-01
		高山山原亚高山草甸土组	Ⅲ-02
		高山山原沼泽土组	Ⅲ-03
		高山山原冲积土组	Ⅲ-04

3.5 立地类型划分

3.5.1 立地类型划分依据

立地类型是立地分类中最小立地单元，在相同地貌类型控制下，不同部位、沙化程度有较大差异。例如，在石渠、色达丘状高原沙化立地区中，沙化土地主要分布在高原丘陵的中下部和高原宽谷区域，以轻度和中度沙化为主；在若尔盖、红原平坦高原沙化立地区中，沙化土地在高原丘陵主要分布在中、上部，沙化程度多为重度和极重度，但在高原宽谷中沙化土地以轻度和中度沙化为主；在理塘、巴塘高山山原沙化立地区中，高原丘陵区沙化土地涉及轻度、中度、重度、极重度各类沙地，而高原宽谷沙化程度较轻，主要为轻度沙地。

因此，立地分类选择部位、沙化程度作为立地类型划分依据。

3.5.2 立地类型划分结果

根据不同立地区的特点和各立地组的特征，共划分了 19 个立地类型。

(1) 石渠色达丘状高原沙化立地区

石渠色达丘状高原沙化立地区划分了 6 个立地类型，各立地类型详见表 3.3。

表 3.3　石渠色达丘状高原沙化立地区立地类型表

立地类型组		立地类型	
名称	编号	名称	编号
丘状高原高山草甸土组	Ⅰ-01	高原丘陵上（顶）部轻度高山草甸土型	Ⅰ-01-01
		高原丘陵中部轻度、中度高山草甸土型	Ⅰ-01-02
		高原丘陵下部轻度、中度高山草甸土型	Ⅰ-01-03
		高原丘陵宽谷轻度、中度高山草甸土型	Ⅰ-01-04
丘状高原沼泽土组	Ⅰ-02	高原丘陵宽谷轻度、中度沼泽土型	Ⅰ-02-01
丘状高原冲积土组	Ⅰ-03	高原丘陵宽谷轻度、中度冲积土型	Ⅰ-03-01

（2）若尔盖红原平坦高原沙化立地区

若尔盖红原平坦高原沙化立地区划分了 8 个立地类型，各立地类型详见表 3.4。

表 3.4　若尔盖红原平坦高原沙化立地区立地类型表

立地类型组		立地类型	
名称	编号	名称	编号
平坦高原风沙土组	Ⅱ-01	高原丘陵上（顶）部极重度风沙土型	Ⅱ-01-01
		高原丘陵中、下部极重度风沙土型	Ⅱ-01-02
平坦高原亚高山草甸土	Ⅱ-02	高原丘陵中、上(顶)部中度、重度亚高山草甸土型	Ⅱ-02-01
		高原丘陵下部轻度、中度亚高山草甸土型	Ⅱ-02-02
		高原丘陵宽谷轻度、中度亚高山草甸土型	Ⅱ-02-03
		高原丘陵宽谷重度、极重度亚高山草甸土型	Ⅱ-02-04
平坦高原沼泽土组	Ⅱ-03	高原丘陵宽谷轻度、中度沼泽土型	Ⅱ-03-01
平坦高原冲积土组	Ⅱ-04	高原丘陵宽谷轻度、中度冲积土型	Ⅱ-04-01

（3）理塘巴塘高山山原沙化立地区

理塘巴塘高山山原沙化立地区划分了 10 个立地类型，各立地类型详见表 3.5。

表 3.5　　　　　　理塘巴塘高山山原沙化立地区立地类型表

立地类型组		立地类型	
名称	编号	名称	编号
高山山原高山草甸土组	Ⅲ-01	高原丘陵中、上(顶)部轻度、中度高山草甸土型	Ⅲ-01-01
		高原丘陵中、上(顶)部重度、极重度高山草甸土型	Ⅲ-01-02
		高原丘陵下部轻度、中度高山草甸土型	Ⅲ-01-03
		高原丘陵下部重度、极重度高山草甸土型	Ⅲ-01-04
		高原丘陵宽谷轻度高山草甸土型	Ⅲ-01-05
高山山原亚高山草甸土组	Ⅲ-02	高原丘陵中、上(顶)轻度、中度亚高山草甸土型	Ⅲ-02-01
		高原丘陵下部轻度、中度亚高山草甸土型	Ⅲ-02-02
		高原丘陵宽谷轻度亚高山草甸土型	Ⅲ-02-03
高山山原沼泽土组	Ⅲ-03	高原丘陵宽谷轻度沼泽土型	Ⅲ-03-01
高山山原冲积土组	Ⅲ-04	高原丘陵宽谷轻度冲积土型	Ⅲ-04-01

3.6　建立立地分类系统

依据确定的立地分类（区）主导因子，划分各级立地单元，建立川西北高原沙化区沙化土地立地分类系统。该系统分别以不同的尺度大小，将川西北高原沙化区沙化土地划分成不同的立地区、立地类型组和立地类型三个等级。根据地质、地貌的相似性，将沙化区划分为 4 个立地区，这是最大尺度区域的划分；在 4 个立地区的控制下，依据岩土壤类型（土壤亚类）的相同性，将沙化区沙化土地划分为 11 个立地类型组；在 11 个立地类型组的控制下，依据不同部位、沙化程度，将沙化区沙化土地划分为 24 个立地类型。这一不同的划分尺度构成了川西北高原沙化区沙化土地分类系统（见表 3.6）。在立地分类系统表中，对每一个立地类型，综合调查监测资料对其特征进行了简要描述，便于生产实践应用。各立地类型特征详见书后附表 2。

表 3.6　　　　　　　　川西北高原沙区立地分类系统表

立地区		立地类型组		立地类型	
名称	编号	名称	编号	名称	编号
石渠色达丘状高原沙化立地区	Ⅰ	丘状高原高山草甸土组	Ⅰ-01	高原丘陵上（顶）部轻度高山草甸土型	Ⅰ-01-01
				高原丘陵中部轻度、中度高山草甸土型	Ⅰ-01-02
				高原丘陵下(谷)部轻度、中度高山草甸土型	Ⅰ-01-03
				高原丘陵宽谷轻度、中度高山草甸土型	Ⅰ-01-04
		丘状高原沼泽土组	Ⅰ-02	高原丘陵宽谷轻度、中度沼泽土型	Ⅰ-02-01
		丘状高原冲积土组	Ⅰ-03	高原丘陵宽谷轻度、中度冲积土型	Ⅰ-03-01
若尔盖红原平坦高原沙化立地区	Ⅱ	平坦高原丘陵风沙土组	Ⅱ-01	高原丘陵上（顶）部极重度风沙土型	Ⅱ-01-01
				高原丘陵中、下部极重度风沙土型	Ⅱ-01-02
		平坦高原亚高山草甸土组	Ⅱ-02	高原丘陵中、上（顶）部中度、重度亚高山草甸土型	Ⅱ-02-01
				高原丘陵下（谷）部轻度、中度亚高山草甸土型	Ⅱ-02-02
				高原宽谷轻度、中度亚高山草甸土型	Ⅱ-02-03
				高原宽谷重度、极重度亚高山草甸土型	Ⅱ-02-04
		平坦高原沼泽土组	Ⅱ-03	高原宽谷轻度、中度沼泽土型	Ⅱ-03-01
		平坦高原冲积土组	Ⅱ-04	高原宽谷轻度、中度冲积土型	Ⅱ-04-01
理塘巴塘高山山原立地区	Ⅲ	高山山原高山草甸土组	Ⅲ-01	高原丘陵中、上（顶）部轻度、中度高山草甸土型	Ⅲ-01-01
				高原丘陵中、上（顶）部重度、极重度高山草甸土型	Ⅲ-01-02
				高原丘陵下（谷）部轻度、中度高山草甸土型	Ⅲ-01-03
				高原丘陵下（谷）部重度、极重度高山草甸土型	Ⅲ-01-04
				高原丘陵宽谷轻度高山草甸土型	Ⅲ-01-05
		高山山原亚高山草甸土组	Ⅲ-02	高原丘陵中、上（顶）轻度、中度亚高山草甸土型	Ⅲ-02-01
				高原丘陵下（谷）部轻度、中度亚高山草甸土型	Ⅲ-02-02
				高原丘陵宽谷轻度亚高山草甸土型	Ⅲ-02-03
		高山山原沼泽土组	Ⅲ-03	高原丘陵宽谷轻度沼泽土型	Ⅲ-03-01
		高山山原冲积土组	Ⅲ-04	高原丘陵宽谷轻度冲积土型	Ⅲ-04-01

4 川西北高原沙化土地治理模型研究

四川省委、省政府历来高度重视沙化监测、治理工作。从1994年开始，全省每5年开展一次沙化监测，至今已连续开展了5次，全面掌握了全省沙化现状、动态变化、沙化土地立地条件、植被状况等；2005年，在若尔盖县启动全国防沙治沙综合示范区建设；2007年6月召开了全省防沙治沙工作会议，12月编制完成《四川省川西北防沙治沙工程规划》；2007—2012年，省级财政安排1.74亿元资金，先后在理塘县、石渠县、色达县、稻城县、若尔盖县、红原县、阿坝县、壤塘县8县启动防沙治沙示范基地建设；2013年，川西藏区生态保护与建设工程启动后，在石渠县、理塘县、德格县、甘孜县等川西北高原实施沙化土地治理；2014年，在若尔盖县、理塘县、石渠县等又启动实施省级防沙治沙试点示范成果巩固建设，这些试点示范建设为开展沙化土地治理提供了技术支撑。

4.1 防沙治沙试点成效分析

4.1.1 试点示范成效分析

为全面了解川西北高原地区防沙治沙试点示范建设成效情况，2010年、2011年和2012年对若尔盖县、理塘县、石渠县、红原县等防沙治沙实施县不同年度沙化治理成效进行调查、分析，为川西北高原沙化土地治理提供理论技术支撑。

（1）轻度沙地治理成效调查

轻度沙化治理措施主要是采用“撒播一年生和多年生牧草+施肥（腐熟的牛羊粪）+封育管护”的方式进行治理，经治理后植被平均盖度多在90%以上，植被平均盖度提高15~25个百分点，治理成效显著。总的来看，轻度沙地治理技术比较成熟，重点是加强封育管护，因为轻度沙地植被盖度相对较大，加之川西北高原水分条件优于我国北方沙区，通过适宜的补播和封育管护就能取得显著成效（详见表4.1）。

表 4.1 轻度沙地治理措施及成效表

调查县	调查点概况	治理措施	治理前状况	治理后状况	成效
若尔盖	2007 年省级沙化治理示范区，位于辖曼乡。属丘间宽谷地形，海拔 3 450~3 500 米，土壤为亚高山草甸土	撒播披碱草+黑麦草+施肥+封育管护综合治理	植被平均盖度 70%，沙化成因为过牧	2010 年 8 月调查，植被平均盖度 95%	植被平均盖度提高 25 个百分点左右
理塘县	2007 年省级沙化治理示范区，位于高城镇。地处高原丘陵的上部，海拔 4 050~4 150 米，土壤为高山草甸土	撒播披碱草+老芒麦+燕麦草+施肥+封育管护综合治理	植被平均盖度 70%，沙化成因为过牧	2010 年 8 月调查，植被平均盖度 90%	植被平均盖度提高 20 个百分点左右
石渠县	2008 年省级沙化治理示范区，位于虾扎乡。属丘间宽谷地形，海拔 4 080~4 120 米，土壤为高山草甸土	撒播披碱草+燕麦+施肥+封育管护综合治理	植被平均盖度 75%，沙化成因为过牧	2011 年 8 月调查，植被平均盖度 90%	植被平均盖度提高 15 个百分点左右

（2）中度沙地治理成效调查

中度沙化治理措施主要是采用“高山柳（扦插苗或枝条）+撒播混合牧草+施肥（腐熟的牛羊粪）+封育管护”的方式进行治理，治理后植被平均盖度提高 10~35 个百分点，治理成效明显。至今，川西北高原沙化治理中所选取的灌木树种主要为高山柳（石渠县由于海拔太高，高山柳生长不理想），一是高山柳造林成活率高，二是高山柳苗木生产技术要求低，苗木产量高，能为规模造林提供种苗保障。

高山柳的保存率与苗木种类关系很大，高山柳扦插苗的栽植成效要优于直接在治理地块上扦插高山柳枝条。在 2007 年省级防沙治沙试点工程中，若尔盖县主要采用高山柳扦插苗，理塘县采用的是直接在治理地块上扦插高山柳枝条，2010 年调查表明若尔盖县示范区高山柳保存率要高于理塘县。但是只要造林技术、管护和补植工作到位，高山柳枝条造林也能取得较好效果，例如若尔盖县 20 世纪 70 年代所造的防沙治沙示范林就是用的高山柳枝条直接扦插造林，目前高山柳已规模成林，有效固定了流沙。

理塘县在 2007 年和 2008 年的省级沙化治理示范工程中，在中度沙化土地治理技术中采用了点播白刺花的方式，其中 2007 年点播的白刺花未进行催芽处理，其保存率明显不如 2008 年经过了催芽处理后点播的白刺花。由于人工点播灌木种子，在生长初期，植株矮小，生长慢，抗风沙能力弱，所以不适合重度、极重度沙化土地治理，但是由于其治理成本低，对于轻度和中度沙化土地仍具有明显成效，特别适合坡度较大，人工植苗不方便的沙地治理。

总的来看，对中度沙地采用“灌草结合+施有机肥+封育管护”的方式治理成效明显，在不设置沙障的情况下，依靠栽植灌木（点播灌木种子）就能有效治理中度沙地，种植草本能起到快速覆盖沙地的作用（详见表 4.2）。

表 4.2　　　　中度沙地治理措施及成效表

调查县	调查点概况	治理措施	治理前状况	治理后状况	成效
若尔盖	2007年省级沙化治理示范区，位于辖曼乡。地处高原丘陵的下部，海拔3 500～3 530米，土壤为亚高山草甸土	高山柳（扦插苗）+披碱草+黑麦草+施肥+封育管护综合治理。在第二年进行了补植补播	植被平均盖度35%，以草本为主，沙化成因为过牧	2010年8月调查，植被平均盖度60%	植被平均盖度提高25个百分点左右。高山柳保存率65%
理塘	2007年省级沙化治理示范区，位于高城镇。地处高原丘陵的下部，海拔4 050～4 100米，土壤为高山草甸土	高山柳（枝条）+披碱草+老芒麦+燕麦草+施肥+封育管护综合治理	植被平均盖度35%，以草本为主，沙化成因为过牧	2010年8月调查，植被平均盖度50%	植被平均盖度提高15个百分点左右。高山柳保存率40%。由于调查区域位于县城附近，人为干扰较严重，在一定程度上影响了成效
理塘	2007年省级沙化治理示范区，位于高城镇。地处高原丘陵的下部，海拔4 050～4 100米，土壤为高山草甸土	人工点播白刺花+披碱草+燕麦草+施肥+封育管护综合治理	植被平均盖度38%，以草本为主，沙化成因为过牧	2010年8月调查，植被平均盖度50%	植被平均盖度提高12个百分点左右白刺花保存率30%。由于白刺花种子未进行催芽处理，在一定程度上影响了出苗率
理塘	2008年省级沙化治理示范区，位于奔戈乡地处高原丘陵的下部，海拔4 000～4 020米，土壤为高山草甸土	人工点播白刺花+披碱草+燕麦草+施肥+封育管护综合治理	植被平均盖度35%，以草本为主，沙化成因为过牧	2011年8月调查，植被平均盖度55%	植被平均盖度提高20个百分点左右。白刺花保存率60%。由于白刺花种子进行催芽处理，保存率提高明显
理塘	位于藏坝乡，为2000年设计的沙地人工造林示范区，海拔3 500米	人工栽植康定杨+披碱草+施肥+封育管护综合治理	植被平均盖度30%，以草本为主，沙化成因为过牧	2010年8月调查，植被平均盖度35%	植被平均盖度提高5个百分点左右。康定杨覆盖度30%。由于围栏破坏，干扰严重，草本层稀疏，但康定杨由于萌生枝条多，长势较好
石渠	2008年省级沙化治理示范区，位于虾扎乡。属高原宽谷地形，海拔4 050～4 100米，土壤为高山草甸土	竹帘沙障+撒播披碱草+燕麦+施肥+封育管护综合治理	植被平均盖度35%，沙化成因为过牧	2011年8月调查，植被平均盖度60%	植被平均盖度提高25个百分点左右。竹帘沙障保存率85%，具有较好的抗风沙能力
石渠	2008年省级沙化治理示范区，位于虾扎乡。属高原宽谷地形，海拔4 050～4 100米，土壤为高山草甸土	撒播披碱草+燕麦+施肥+封育管护综合治理	植被平均盖度35%，沙化成因为过牧	2011年8月调查，植被平均盖度45%	植被平均盖度提高10个百分点左右

(3) 重度沙地治理成效调查

重度沙化治理措施主要是采用“高山柳（沙棘、茶藨子等）+撒播混合牧草+施肥（腐熟的牛羊粪）+封育管护”的方式进行治理，治理后植被平均盖度提高20~40个百分点，治理成效明显。

重度沙地的治理措施和中度沙地治理措施基本一致，均是采用“灌草结合+施有机肥+封育管护”的方式，只是施肥量和播种量要比中度沙地要高。至今，高山柳在川西北仍是应用最普遍的治沙树种，且采用高山柳扦插苗造林的保存率要明显高于采用高山柳枝条造林的保存率，因此，在有条件的地区尽可能采用高山柳扦插苗造林。

总的来看，对重度沙地采用“灌草结合+施有机肥+封育管护”的方式治理，成效明显，在不设置沙障的情况下，依靠栽植灌木就能有效固定沙地，通过加大草本播种量和有机肥施肥量就能起到快速覆盖沙地的作用（详见表4.3）。

表4.3　重度沙地治理措施及成效表

调查县	调查点概况	措施	治理前状况	治理后状况	成效
若尔盖	2007年省级沙化治理示范区，位于辖曼乡。地处高原丘陵的中下部，海拔3 500~3 530米，土壤为风沙土	高山柳（扦插苗）+披碱草+黑麦草+施肥+封育管护综合治理。在第二年进行了补植补播	植被平均盖度25%，以草本为主，沙化成因为过牧	2010年8月调查，植被平均盖度60%	植被平均盖度提高35个百分点左右。高山柳保存率60%
红原	2008年省级沙化治理示范区，位于挖切。地处高原丘陵的中下部，海拔3 460~3 500米，土壤为风沙土	高山柳林带，每隔10米设置一条与主风方向垂直的林带，每条林带中栽植5行高山柳，株行距为1米×1米。林带间撒播混合牧草	植被平均盖度15%，以草本为主，沙化成因为过牧	2011年8月调查，植被平均盖度55%	植被平均盖度提高40个百分点左右。高山柳保存率60%
理塘	2007年省级沙化治理示范区，位于高城镇。地处高原丘陵的下部，海拔4 000~4 050米，土壤为沙土（高山草甸土表层被破坏后，含沙层冲刷堆积而成）	高山柳（枝条）+披碱草+黑麦草+施肥+封育管护综合治理。在第二年进行了补植补播	植被平均盖度20%，以草本为主，沙化成因为过牧	植被平均盖度50%	植被平均盖度提高30个百分点左右。高山柳保存率50%。由于调查区域位于县城附近，人为干扰较严重，在一定程度上影响了成效
理塘	2007年省级沙化治理示范区，位于高城镇。地处高原丘陵的下部，海拔4 000~4 050米，土壤为沙土（高山草甸土表层被破坏后，含沙层冲刷堆积而成）	点播白刺花+披碱草+黑麦草+施肥+封育管护综合治理。在第二年进行了补植补播	植被平均盖度20%，以草本为主，沙化成因为过牧	植被平均盖度40%	植被平均盖度提高20个百分点左右。白刺花保存率低，每公顷约150株。调查区位于县城附近，人为干扰较严重，在一定程度上影响了成效

（4）极重度沙地治理成效调查

极重度沙化治理措施主要是采用“生物沙障+高山柳（沙棘、茶藨子等）+撒播混合牧草+施肥（腐熟的牛羊粪）+封育管护”的方式进行治理，治理后植被平均盖度提高 45~60 个百分点，治理成效明显。而未设置沙障的地块植被盖度仅提高 15 个百分点，且高山柳的保存率只有 30%，治理效果不理想。因此，针对极重度沙地的治理设置沙障是十分必要的。

调查发现柳桩沙障防沙效果要明显好于秸秆沙障，柳桩沙障抗风沙能力更强，不易倒伏，部分柳桩还会生根抽发枝条，形成“活沙障”。在若尔盖县采用秸秆沙障的治理的地块植被平均盖度提高约 45 个百分点，高山柳保存率 50%，秸秆沙障保存率约 60%，损毁较严重，而采用柳桩沙障的地块植被平均盖度提高 55 个百分点左右，高山柳保存率 65%。柳桩沙障保存率约 80%，防护效益明显优于秸秆沙障。有条件的地方，建议尽可能采用柳桩沙障。

总的来看，对极重度沙地采用“生物沙障+灌草结合+施有机肥+封育管护”的方式，治理成效明显，设置沙障不但对固定沙地至关重要，还能有效提高植被盖度，促进灌木生长（详见表 4.4）。

表 4.4　　极重度沙地治理措施及成效表

调查县	调查点概况	措施	治理前状况	治理后状况	成效
若尔盖	2007 年省级沙化治理示范区，位于辖曼乡。地处高原丘陵的中上部，海拔 3 530~3 560 米，土壤为风沙土	秸秆沙障+高山柳（扦插苗）+披碱草+黑麦草+施肥+封育管护综合治理。在第二年进行了补植补播	植被平均盖度 5%，沙化成因为过牧	2010 年 8 月调查，植被平均盖度 50%	植被平均盖度提高 45 个百分点左右。高山柳保存率 50%。秸秆沙障保存率约 60%，损毁较严重
	2007 年省级沙化治理示范区，位于辖曼乡。地处高原丘陵的中上部，海拔 3 500~3 530 米，土壤为风沙土	柳桩沙障+高山柳（扦插苗）+披碱草+黑麦草+施肥+封育管护综合治理。在第二年进行了补植补播	植被平均盖度 5%，沙化成因为过牧	2010 年 8 月调查，植被平均盖度 60%	植被平均盖度提高 55 个百分点左右。高山柳保存率 65%。柳桩沙障保存率约 80%，防护效益较好
	1996 年沙化治理示范区，位于辖曼乡。地处高原丘陵的下部，海拔 3 500~3 520 米，土壤为风沙土	高山柳网格林带+混合牧草+封育管护综合治理。高山柳林带设计为网格林带，网格林带规格为 25 米×25 米。林带由 8 行高山柳组成，株行距为 1 米×1 米，撒播混合牧草	植被平均盖度 2%，沙化成因为过牧	2010 年 8 月调查，植被平均盖度 20%。由于后期管护没跟上，林带间基本无草本，但高山柳林带保存完好	植被平均盖度提高 15 个百分点左右。高山柳林带保存率 95%。高山柳林带平均高 2.5 米，防护效益较好

表4.4(续)

调查县	调查点概况	措施	治理前状况	治理后状况	成效
理塘	2007年省级沙化治理示范区，位于高城镇。地处高原丘陵的下部，海拔4 000~4 050米，土壤为沙土（高山草甸土表层被破坏后，含沙层冲刷堆积而成）	柳桩沙障+高山柳（枝条）+披碱草+黑麦草+施肥+封育管护综合治理。在第二年进行了补植补播	植被平均盖度5%，以草本为主，沙化成因为过牧	2010年8月调查，植被平均盖度50%。	植被平均盖度提高45个百分点左右。高山柳保存率50%
	2007年省级沙化治理示范区，位于高城镇。地处高原丘陵的下部，海拔4 000~4 050米，土壤为沙土（高山草甸土表层被破坏后，含沙层冲刷堆积而成）	高山柳（枝条）+披碱草+黑麦草+施肥+封育管护综合治理。在第二年进行了补植补播	植被平均盖度5%，以草本为主，沙化成因为过牧	2010年8月调查，植被平均盖度20%	植被平均盖度提高15个百分点左右。高山柳保存率30%
	2009年省级沙化治理示范区，位于高城镇。地处高原丘陵的下部，海拔4 000~4 050米，土壤为沙土（高山草甸土表层被破坏后，含沙层冲刷堆积而成）	茶藨子+披碱草+燕麦+施肥+封育管护综合治理。在第二年进行了补植补播	植被平均盖度5%，以草本为主，沙化成因为过牧	2012年8月调查，植被平均盖度20%	植被平均盖度提高15个百分点左右。茶藨子保存率40%
	2009年省级沙化治理示范区，位于高城镇。地处高原丘陵的下部，海拔4 000~4 050米，土壤为沙土（高山草甸土表层被破坏后，含沙层冲刷堆积而成）	沙棘+披碱草+燕麦+施肥+封育管护综合治理。在第二年进行了补植补播	植被平均盖度2%，以草本为主，沙化成因为过牧	2012年8月调查，植被平均盖度25%	植被平均盖度提高20个百分点左右。沙棘保存率30%

在对川西北沙化治理成效调查过程中，发现针对轻度（盖度40%以上）沙化土地，通过围栏封育和补播混合草种的方式（适当施用有机肥），均能取得显著治理效果；而中度（盖度25%~40%）、重度（盖度10%~25%）沙化土地除了采用围栏封育和补播草种的方式治理，还需要栽植灌木进行固沙以保证治沙成效；对于极重度（盖度10%以下）沙化土地还需要配置沙障进行固沙，以确保植被有效覆盖，目前发现柳桩沙障防沙效果比较显著，此外石渠县采用的竹帘沙障效果也比较明显。

对于需要栽植灌木固沙的地方，尽可能考虑人工植苗或者扦插造林，在人工植苗不便的中度沙地中，可以采用人工点播灌木种子的方式进行治理，点播前需要进行催芽处理。

4.1.2 示范监测点成效分析

为更深入了解防沙治沙成效，掌握治理后的沙化土地动态变化趋势，2010 年 3 月，在川西北高原沙化最严重、最具有典型性和代表性的阿坝州若尔盖县和甘孜州理塘县设置固定监测点（含对照），连续监测 3 年。

4.1.2.1 示范监测点概况

（1）若尔盖县示范监测点

若尔盖县示范监测点位于麦溪乡，地处若尔盖县西北部，为川、甘两省交界区，距县城 116 千米，属纯牧业乡，是若尔盖县沙化形势最严重的乡之一，其沙化状况在若尔盖县具有很强的典型性和代表性。麦溪乡属大陆性季风高原型气候区，植被以亚高山草甸为主。麦溪乡属高原丘陵地貌，海拔多数在 3 200~3 600 米，年平均气温 1.3℃，年降水量 600 毫米，年蒸发量达 1 064.6 毫米，相对湿度 64%，年大风日数 50 天。

示范监测点总面积 8 公顷，其中，中度沙化治理面积 4 公顷、极重度沙化治理 4 公顷。示范地块详细情况见表 4.5。

（2）理塘县示范监测点

理塘县示范监测点位于奔戈乡，地处理塘县东南部，属纯牧业乡，是理塘县沙化形势最严重的乡之一。奔戈乡属大陆性高原季风气候，多年平均降雨量 718.9 毫米，多年平均蒸发量 767.8 毫米，多年平均气温 3.5℃，一月平均气温-6.7℃，七月平均气温 11℃。奔戈乡属高原丘陵地貌，海拔多在 4 000~4 500 米，植被以高山草甸、亚高山草甸为主。

理塘县示范监测点总面积 6 公顷，其中，中度沙化治理面积 5 公顷，极重度沙化治理 1 公顷。示范地块详细情况见表 4.5。

表 4.5　示范监测点基本情况表

示范监测点	沙化程度	面积（公顷）	气候	地形地貌	植被	土壤
若尔盖县示范监测点	中度	4	大陆性季风高原型气候	高原丘陵下部，海拔介于 3 400~3 420 米，坡度 5°	植被平均盖度 30%。优势种为四川嵩草和小高草，其伴生种以鹅绒委陵菜、高山紫莞、条叶银莲花、草玉梅、直梗高山唐松草、老芒麦、紫羊茅、米口袋等	土壤质地为砂壤质，土层厚度 80 厘米
	极重度	4		高原丘陵上部，海拔介于 3 430~3 450 米，坡度 7°	植被平均盖度 5%，无明显优势种，植物种类多在 3~7 种之间，每种植物盖度均不大于 2%，群落平均高度约 5 厘米。草种主要为早熟禾、老芒麦、垂穗披碱草、银莲花、香青、二裂委陵菜、四川嵩草、乳浆大戟、垂头菊等	土壤质地为砂质，土层厚度 100 厘米

表4.5(续)

示范监测点	沙化程度	面积(公顷)	气候	地形地貌	植被	土壤
理塘县示范监测点	中度	5	大陆性季风高原型气候	高原丘陵下部，海拔介于4 050~4 080米，坡度5°	植被平均盖度33%，优势种通常为早熟禾、珠芽蓼、聚头蓟等2~3种共同组成。常见伴生种多为狭叶垂头菊、草玉梅、二裂委陵菜、黄芪、土人参、乳浆大戟、马先蒿、香青、高原毛茛、银莲花等	土壤质地为砂壤质，土层厚度80厘米
	极重度	1		高原丘陵下部，海拔介于4 050~4 080米，坡度5°	植被平均盖度5%，无明显优势种，植物种类多在3~7种之间，每种植物盖度均不大于2%，群落平均高度约5厘米。草种主要为早熟禾、老芒麦、垂穗披碱草、银莲花、香青、二裂委陵菜、四川嵩草、乳浆大戟、垂头菊等	土壤质地为砂质，土层厚度80厘米

4.1.2.2 示范监测点治理技术

结合若尔盖县和理塘县示范监测点的现状和立地条件，选择“高山柳+牧草”和“高山柳+牧草+沙障”模型进行治理，具体措施详见表4.6。

表4.6　主要治理技术指标表

示范监测点			若尔盖县示范监测点		理塘县示范监测点	
沙化程度			中度	极重度	中度	极重度
沙障		类型		柳笆沙障		柳笆沙障
		规格		2米×2米		2米×2米
造林	树种	名称	高山柳	高山柳	高山柳	高山柳
		苗木种类	扦插苗	扦插苗	扦插苗	扦插苗
		苗龄	2年生	2年生	2年生	2年生
		苗木地径	≥0.6厘米	≥0.6厘米	≥0.6厘米	≥0.6厘米
	整地	苗木高	≥90厘米	≥90厘米	≥90厘米	≥90厘米
		整地方式	穴状	穴状	穴状	穴状
		整地规格	40厘米×40厘米×40厘米	40厘米×40厘米×40厘米	40厘米×40厘米×40厘米	40厘米×40厘米×40厘米
		整地时间	4月中旬	4月中旬	4月中旬	4月中旬
	栽植	方式	植苗	植苗	植苗	植苗
		株行距	2米×2米	2米×2米	2米×2米	2米×2米
		密度(株/公顷)	2 500	2 500	2 500	2 500
		配置方式	品字形	品字形	品字形	品字形
		时间	4月中旬	4月中旬	4月中旬	4月中旬
	施肥	种类	有机肥	有机肥	有机肥	有机肥
		施肥方式	穴施	穴施	穴施	穴施
		用量（千克/穴）	2	3	2	3

表4.6(续)

示范监测点			若尔盖县示范监测点		理塘县示范监测点	
种草	草种	多年生草种	披碱草	披碱草、老芒麦	披碱草	披碱草、老芒麦
		一年生草种	燕麦	燕麦	燕麦	燕麦
		草种等级	国家Ⅱ级	国家Ⅱ级	国家Ⅱ级	国家Ⅱ级
		草种配比	多年生草种与一年生草种按4：4：2混播	多年生草种与一年生草种按4：4：2混播	多年生草种与一年生草种按4：4：2混播	多年生草种与一年生草种按4：4：2混播
	清理整地	方式	浅耙	浅耙	浅耙	浅耙
		时间	4月中旬	4月中旬	4月中旬	4月中旬
	播种	方式	撒播	撒播	撒播	撒播
		播种量（千克/公顷）	45	60	45	60
		时间	4月中旬	4月中旬	4月中旬	4月中旬
	施肥	种类	腐熟的牛羊粪	腐熟的牛羊粪	腐熟的牛羊粪	腐熟的牛羊粪
		用量（吨/公顷）	10	15	10	15
		时间	4月中旬	4月中旬	4月中旬	4月中旬
围栏封育			全封	全封	全封	全封
抚育管护			3年	3年	3年	3年

（1）中度沙化土地治理技术

中度沙化土地治理技术主要采用“植灌+种草+施肥+围栏管护”的方法进行综合治理。若尔盖县和理塘县中度沙化治理技术完全相同。

1）植灌

灌木树种选择：植灌的目的在于将沙地固定。高山柳是沙化治理最常用的灌木树种，也是成效最好的树种，而且在川西北沙化重点县已在进行批量苗木生产。因此，本次植灌树种选择高山柳。

苗木种类及规格：苗木类型为扦插苗，苗龄为2年生，苗高≥90厘米。苗木生长健壮，叶色正常，顶芽饱满，无损伤，无病虫害。

整地与栽植：整地与栽植同步。整地采用穴状整地，规格为40厘米×40厘米×40厘米，栽植穴全部采用品字形配置。根据高山柳的生长特点，在每年的4月中旬进行栽植。栽植在阴天或雨后进行，做到当日起苗，当日造林。栽植前种植穴内要施有机肥作为基肥，每穴基肥用量约2千克。栽植时要求苗正根伸，分层复土，深栽压紧。覆土时先填表土，后填心土，层层压实，使根系与土壤紧密结合。栽植株行距为2米×2米，密度为2 500株/公顷。

2）种草

种草的目的在于植被快速覆盖沙地。草种搭配遵循多年生和一年生混合的原则，多年生牧草选择在本地沙化治理中表现良好的垂穗披碱草和老芒麦，一年生牧草选择燕麦。垂穗披碱草、老芒麦和燕麦搭配比例为4：4：2。

草种质量标准：国家Ⅱ级质量标准。

播种方法：种草采用人工撒播，播种量为45千克/公顷。播种与栽植同步进行。播种前采取浅耙、划破草皮、耙平土丘、填平鼠洞、清除地表石块、废料等杂物，为播种创造良好的土体条件。其中划破草皮是一项关键性的措施，其目的是改善草地土壤的通气条件，改进土壤肥力。其具体做法是用重耙或圆盘耙于雨后在草地上拖耙，将草皮划破，深度约为5厘米，种子入土深度3~4厘米，播种的同时撒施有机肥（腐熟的牛羊粪），用量为10吨/公顷。

3）围栏管护

为防止牲畜破坏，若尔盖县采用角钢立柱围栏（示范监测点远离人口聚集区，管护难度相对较小，因此采用成本较低、安装方便的角钢围栏），理塘县采用水泥立柱围栏（示范监测点临近人口聚集区，管护难度大，因此采用不易破坏的水泥柱围栏）。同时聘请村民进行人工巡护管理，管护期为3年。

（2）极重度沙化土地治理技术

极重度沙化土地治理技术主要采用“生物沙障+植灌+种草+施肥+围栏管护”的方法进行综合治理。若尔盖县和理塘县极重度沙化治理技术相同。

1）生物沙障

沙障类型：针对极重度沙地植被盖度低（10%以下），流动性强特点，通过设计沙障阻止流沙移动。常用沙障类型有秸秆沙障和柳桩沙障，其中柳桩沙障治理效果要优于秸秆沙障，主要体现在坚固性好，抗风能力强，具有一定再生能力（指部分柳桩可生根发芽成活，抽发新的柳枝），而且在高原地区柳桩沙障材料也比秸秆要容易获得。因此，本次采用柳桩沙障。

沙障规格及材料：沙障设置规格为2米×2米。柳沙障材料质量要求枝条新鲜、无干燥、无病虫害，柳桩占所供沙障材料的25%~35%，长度大于1米，直径1.5~3厘米；柳枝所占供沙障材料的75%~65%，长度大于50厘米。

沙障设置方法：从迎风坡下部开始，用准备好的柳桩（40~50厘米）排成排，桩与桩距离为20厘米，将柳桩用力插入沙地20~30厘米使之固定，形成一条与主风方向垂直的主带。然后，在桩与桩间用柳枝编制成柳笆。按上述方法平行于第一条主带，带间距为2米，完成其他主带设置。主带做好后再做副带，副带和主带相互垂直，副带间距2米，最后使之形成2米×2米、纵横交错的柳笆网格状。

2）植灌

灌木树种选择高山柳。

苗木种类及规格：苗木类型为扦插苗，苗龄为2年生，苗高≥90厘米。苗木要求生长健壮，叶色正常，顶芽饱满，无损伤，无病虫害。

整地与栽植：整地与栽植同步。整地采用穴状整地，规格为40厘米×40厘米×40厘米，种植穴采用品字形配置。根据高山柳的生长特点，在4月中旬选择在阴天或雨后进行栽植，当日起苗，当日造林。栽植前种植穴内施有机肥作为基肥，每穴基肥用量约3千克。栽植时做到苗正根伸，分层复土，深栽压紧。覆土时先填表土，后填心土，层层压实，使根系与土壤紧密结合。栽植密度为2 500株/公顷，株行距为2米×2米。

3）种草

种草的目的在于植被快速覆盖沙地。草种搭配遵循多年生和一年生混合的原则，多年生牧草选择在本地沙化治理中表现良好的垂穗披碱草和老芒麦，一年生牧草选择燕麦。垂穗披碱草、老芒麦和燕麦搭配比例为4∶4∶2。

草种质量标准：国家Ⅱ级。

播种方法：种草采用人工撒播，播种量为60千克/公顷。播种时间与栽植同步。采取浅耙、划破草皮、耙平土丘、填平鼠洞、清除地表石块、废料等杂物，为播种创造良好的土体条件，种子入土深度3~4厘米。播种的同时撒施有机肥（腐熟的牛羊粪），用量为15吨/公顷。

4）围栏管护

管护期为3年，采用角钢主柱围栏或水泥柱围栏，同时聘请村民开展人工巡护管理，防止人为破坏和牲畜践踏。

4.1.2.3　监测样方设置及监测指标

每年8月上旬进行成效监测，连续3年，主要监测造林成活情况、沙障保存情况、灌木和草本生长情况、土壤物理和化学性质变动趋势等。

（1）样地设置

每个小班（含对照小班）设置3个20米×20米固定样地。样地中心点GPS定位，并在样地四角作标记。灌木生长指标调查在整个固定样地内进行。

草本生长指标调查通过在样地内设置样方进行调查。样方设置原则：

①以样地中心点为起点，随机设置样方，植被分布均匀时，样方数为4个；

②样方大小1米×1米；

③当年内每次调查的样方位置与前期调查的样方位置不能重复。

（2）监测指标

植被盖度：植被盖度包括总盖度和分盖度。总盖度指样地内所有物种个体地上部分的垂直投影面积占样地面积的百分率。分盖度是指某个植物种所有个体地上部分垂直投影面积占样地面积的百分率。草本植物盖度一般目测，盖度很小的物种，可不计或记为<1%。

植株高度：草本和灌木采用卷尺测量，样方内每种植物的高度，测量5次取平均值。

株数：灌木株数，通过在10米×10米的样方的查数确定。草本植物株数可通过在1米×1米的小样方（草本样方）中，设置20厘米×20厘米的子样方3~5个，通过对各子样方中各草种查数之和取平均值进行确定。

造林成活率：指造林当年，单位面积造林成活株数与栽植总株数的百分比。

造林保存率：指造林3年后，单位面积保存株数与栽植总株数的百分比。

沙障保存率：指单位面积沙障有效保存面积与沙障设置总面积的百分比。

土壤调查：土壤调查与植被调查同步进行，采集0~20厘米土样，在示范监测点内按采用“S”形进行取样布点，用环刀法测定土壤容重，采用四分法，每层取约1千克土样带回送土壤实验室进行化学性状分析。

土壤基本化学性质的测定，主要包括土壤全N、全P、全K；速N、速P、速K、土壤有机质、pH值等的测定。

主要监测指标如表4.7所示。

表4.7　　监测指标、内容及时间

监测项目	监测指标	监测内容	监测时间
沙障保存状况	保存率	平均保存率（第3年）	每年8月上旬监测1次，连续监测3年
灌木生长状况	覆盖度	样地内灌木平均盖度	
	成活率	样地内灌木平均成活率（造林当年）	
	保存率	造林后第3年监测	
	灌木平均高	样地内灌木平均高	
	平均冠幅	分南北向和东西向	
草本生长状况	覆盖度	植被总盖度	
	草本高	平均高	
	地上部分生物量	生物量（干重）	
土壤状况	物理性质	0~20厘米和20~40厘米	
	养分含量	0~20厘米和20~40厘米	

4.1.2.4　示范监测点成效分析

（1）植被盖度

从表4.8三年的监测数据统计分析看，若尔盖县和理塘县示范监测点的中度和极重度示范地块的盖度均显著大于其对照，说明治理措施能显著提高植被盖度。

若尔盖县监测点，中度沙地监测样地植被盖度第1年较对照提高约10个百分点，第2年较对照提高约28个百分点，第3年较对照提高约27个百分点。极重度沙地监测样地植被盖度第1年较对照提高约10个百分点，第2年较对照提高约43个百分点，第3年较对照提高约42个百分点。

理塘县监测点，中度沙地监测样地植被盖度第1年较对照提高约9个百分点，第2年较对照提高约26个百分点，第3年较对照提高约24个百分点。极重度沙地监测样地植被盖度第1年较对照提高约11个百分点，第2年较对照提高约44个百分点，第3年较对照提高约40个百分点。

同时，若尔盖县和理塘县中度和重度沙地示范监测点均呈现第2年与第1年植被盖度差异性达到显著水平，而第2年和第3年植被盖度差异未达显著水平。

表 4.8　　示范监测点植被盖度变动情况　　单位:%

沙化程度	监测年限	若尔盖县监测点		理塘县监测点	
		对照	样地	对照	样地
中度	1a	28.33±4.16	37.33±5.13b*	23.33±3.21	32.21±4.3b*
	2a	30.33±5.13	58.67±8.33a*	25.33±4.16	51.35±7.49a*
	3a	30.33±4.16	57.00±8.89a*	24.33±4.16	48.03±8.02a*
极重度	1a	6.67±1.15	17.00±2.65b*	5.33±0.58	16.34±2.45b*
	2a	8.00±1.00	51.33±7.77a*	6.33±0.58	50.2±7.23a*
	3a	8.00±1.00	50.00±8.19a*	5.67±1.15	46.17±7.9a*

备注：显著水平 0.05；“＊”表示同一监测年度内样地和对照差异达到显著；不同监测年度两两比较时，如果后缀字母相同，如“aa”“bb”等，表示差异不显著，后缀字母不同时，如“ab”“bc”等，表示差异显著。

（2）造林成活率及保存率

造林第 1 年和第 3 年，分别对高山柳造林成活率、保存率进行调查统计分析，两县示范监测点，中度沙地的造林成活率均在 90%以上，而极重度沙地的成活率也均在 85%以上；中度沙地的造林保存率均在 70%以上，极重度沙地的保存率也均在 65%以上，表明高山柳造林成效较好（见表 4.9）。

两县示范监测点的中度沙地造林成活率均要明显高于极重度沙地成活率，表明土地沙化程度对治理技术措施成效有着直接影响。

表 4.9　　造林成活率、保存率统计表

沙化程度	监测年限	若尔盖县监测点		理塘县监测点	
		成活率（%）	保存率（%）	成活率（%）	保存率（%）
中度	1a	93.5	76.2	90.3	70.1
极重度	3a	87.5	68.2	85.2	65.3

（3）沙障保存率

连续 3 年对极重度沙地的沙障保存情况进行监测表明，沙障造林第 1 年保存率若尔盖县示范监测点为 95.8%，理塘县示范监测点的沙障保存率为 93.4%；第 3 年，若尔盖县示范监测点为 67.4%，理塘县示范监测点为 52.6%（见表 4.10），表明沙障保存情况良好，对极重度沙地治理具有重要意义。

表 4.10 示范监测点沙障保存率 单位:%

沙化程度	监测年限	若尔盖县监测点	理塘县监测点
极重度	1a	95.8	93.4
	2a	81.5	76.7
	3a	67.4	52.6

(4) 植被变化情况

1) 植物种类及物种多样性变化

若尔盖县示范监测点内，根据重要值大小，优势物种由四川嵩草→狼毒→老芒麦演替。从轻度沙地到中度沙地优势种没有明显变化，都是四川嵩草。重度沙化地植物物种则发生了明显的变化，主要有狼毒、荚膜黄芪、楔叶委陵菜等分布，在极重度沙化地，有少量的老芒麦、棘豆等植物分布。

理塘县示范监测点内，随沙化程度的加剧优势种由四川嵩草→波伐早熟禾→老芒麦演替。从轻度沙地到中度沙地优势种没有明显变化，都是四川嵩草。重度沙化地植物种类则变化明显，主要分布有波伐早熟禾、珠芽蓼、聚头蓟、狭叶垂头菊等。极重度沙化地植物种类极少，主要是老芒麦、波伐早熟禾、垂穗披碱草等。

在3年的监测中，理塘县和若尔盖县示范监测点内的物种多样性指数总体上呈逐渐升高的趋势。同一监测年度，两县示范监测点的物种多样性均显著大于其对照样地，表明相应治理技术措施有助于生境的改变，从而促进更多植物的生长，使物种多样性得到一定程度的提高（见表4.11和表4.12）。

表 4.11 若尔盖县示范监测点植物物种多样性变化

沙化程度	监测年限	丰富度指数		Simpson 指数		Pielou 均匀度指数	
		对照	样地	对照	样地	对照	样地
中度	1a	1.212±0.056	1.478±0.030a*	0.675±0.030	0.713±0.060a	0.672±0.020	0.732±0.065a
	2a	1.204±0.047	1.588±0.060a*	0.671±0.025	0.802±0.040b*	0.668±0.030	0.765±0.032ab*
	3a	1.218±0.085	2.013±0.050b*	0.667±0.045	0.911±0.030c*	0.673±0.050	0.852±0.050b*
极重度	1a	0.679±0.030	0.695±0.040a	0.576±0.040	0.619±0.060a*	0.542±0.020	0.572±0.060a
	2a	0.665±0.040	0.735±0.070a*	0.542±0.030	0.712±0.050b*	0.536±0.040	0.607±0.040a*
	3a	0.651±0.020	0.828±0.060b*	0.567±0.055	0.825±0.045c*	0.550±0.050	0.725±0.035b*

备注：显著水平0.05；“*”表示同一监测年度内样地和对照差异达到显著；不同监测年度两两比较时，如果后缀字母相同，如“aa”“bb”等，表示差异不显著，后缀字母不同时，如“ab”“bc”等，表示差异显著。

表 4.12　　理塘县示范监测点植物物种多样性变化

沙化程度	监测年限	丰富度指数		Simpson 指数		Pielou 均匀度指数	
		对照	样地	对照	样地	对照	样地
中度	1a	1.012±0.060	1.325±0.055a*	0.615±0.030	0.693±0.050a	0.632±0.045	0.701±0.006a
	2a	1.104±0.054	1.428±0.050a*	0.620±0.060	0.796±0.080b*	0.612±0.030	0.752±0.015ab*
	3a	1.018±0.060	1.875±0.060b*	0.625±0.055	0.898±0.035c*	0.625±0.060	0.838±0.050b*
极重度	1a	0.607±0.030	0.683±0.030a	0.551±0.070	0.605±0.060a	0.532±0.013	0.569±0.070a
	2a	0.635±0.045	0.728±0.050ab*	0.545±0.030	0.711±0.040b*	0.512±0.060	0.617±0.050a*
	3a	0.597±0.060	0.796±0.080b*	0.538±0.060	0.798±0.050c*	0.526±0.020	0.703±0.040b*

备注：显著水平 0.05；“＊”表示同一监测年度内样地和对照差异达到显著；不同监测年度两两比较时，如果后缀字母相同，如“aa”“bb”等，表示差异不显著，后缀字母不同时，如“ab”“bc”等，表示差异显著。

中度沙地治理示范监测点物种多样性变动情况：随着时间的推移，两县示范监测点内物种丰富度指数、物种多样性指数、均匀度指数均逐渐升高。两个示范监测点内均是第 2 年和第 3 年间的增加幅度较大。见表 4.11 和表 4.12。

极重度沙地治理示范监测点物种多样性变动情况：两县示范监测点内，物种丰富度指数、物种多样性指数、均匀度指数随时间推移而上升，第 3 年监测结果显示，与第 1 年和第 2 年的监测结果存在显著性差异（见表 4.11 和表 4.12）。

同时，在同一监测年度内，无论是中度沙地还是极重度沙地，若尔盖县示范监测点内的多样性指数大于理塘县示范监测点，这可能与若尔盖县示范监测点的环境因子有关。

2）草本平均高度变化

植被高度反映了植物群落外貌。3 个监测年度内，若尔盖县示范监测点和理塘县示范监测点草本高度均显著高于对照样地。随着时间推移，两处示范监测点草本高度均呈上升趋势，只是第 1 年和第 2 年间植被高度生长较为缓慢，差异不显著。在第 2 年和第 3 年间，草本高度生长较明显，尤其是极重度治理示范监测点差异显著（见表 4.13）。

中度沙地治理示范监测点草本平均高度的变动情况：若尔盖县示范监测点，连续 3 年监测结果显示，草本高度与对照样地相比，分别增加 28.1%、37.6%、96.8%；理塘县示范监测点，草本平均高度与对照样地相比，分别增加 39.2%、42.7%、109.4%。说明随着时间推移，草本高度生长的上升幅度增大（见表 4.13）。

极重度沙地治理示范监测点草本平均高度的变动情况：若尔盖县治理示范监测点，连续 3 年监测结果显示，草本高度与对照样地相比，分别增长 43.8%、60.9%、111.8%；理塘县治理示范监测点内，草本高度较之对照样地分别高 72.6%、82.0%、123.7%。说明随治理时间的延长，草本高度生长的增幅有所增大（见表 4.13）。

表 4.13　　草本平均高度变化情况表

沙化程度	监测年度	若尔盖县监测点		理塘县监测点	
		对照（厘米）	样地（厘米）	对照（厘米）	样地（厘米）
中度	1a	31.24±4.12	40.02±5.25a*	23.54±4.15	32.76±4.35a*
	2a	29.32±5.02	40.34±6.14a*	26.02±5.32	37.12±4.82a*
	3a	27.44±6.21	54.01±9.51b*	22.84±4.21	47.82±5.15b*
极重度	1a	12.61±3.14	18.13±3.73a*	10.61±2.92	18.31±3.53a*
	2a	13.45±3.91	21.64±4.25a*	11.23±3.21	20.44±4.23a*
	3a	16.16±4.73	34.22±5.91b*	13.12±3.34	29.35±4.15b *

备注：显著水平 0.05；“*”表示同一监测年度内样地和对照差异达到显著；不同监测年度两两比较时，如果后缀字母相同，如“aa”“bb”等，表示差异不显著，后缀字母不同时，如“ab”“bc”等，表示差异显著。

3）生物量变化

生物量是植物生产的重要体现，其数量大小决定了草地生态系统生产能力和效率的大小。3 年连续监测统计分析表明，理塘县和若尔盖县示范监测点的地上生物量大致呈现“先增长，后平稳”的趋势。同一监测年度中，两县示范监测点的地上生物量均显著大于其对照样地。表明沙地治理技术措施能促进牧草的萌发，加快了植物的生长，提高了地上生物量的累积（见表 4.14）。

中度沙地治理示范监测点生物量变动情况：若尔盖县示范监测点 3 年监测期内平均生物量（地上）分别为 70.23 克/平方米、141.43 克/平方米、149.6 克/平方米，理塘县示范监测点 3 年监测期内的平均生物量（地上）分别为 48.16 克/平方米、128.21 克/平方米、138.93 克/平方米。随着监测年度的增加，两个示范内地上生物量大致呈“先增长，后平稳”趋势。两个示范中均是第 2 年生物量（地上）较第 1 年显著增加，而第 3 年和第 2 年差异不显著。同时，在同一监测年度内，若尔盖县示范监测点内的生物量显著大于理塘县示范监测点，可能与若尔盖县海拔较理塘县低，植物生长相对旺盛有关。

极重度沙地治理示范监测点生物量变动情况：若尔盖县示范监测点 3 年监测期内的平均生物量（地上）分别为 40.59 克/平方米、87.12 克/平方米、86.46 克/平方米，理塘县极重度示范监测点 3 年监测期内的平均生物量（地上）分别为 8.45 克/平方米、36.03 克/平方米、37.84 克/平方米。随着时间推移，两县示范监测点地上生物量大致呈“先增长，后平稳”趋势。两县示范监测点均是第 2 年生物量（地上）较第 1 年显著增加，而第 3 年和第 2 年差异不显著。同时，在同一监测年度内，若尔盖县示范监测点内的生物量（地上）显著大于理塘县示范监测点，可能与若尔盖县海拔较理塘县低，植物生长相对旺盛有关。

表 4.14 **地上部分生物量变动情况表** 单位：克/平方米

沙化程度	监测年度	若尔盖县监测点		理塘县监测点	
		对照	样地	对照	样地
中度	1a	57.10±4.94	70.23±6.08b*	40.83±5.23	48.16±5.54b*
	2a	59.67±5.17	141.43±8.33a*	43.69±5.61	128.21±8.31a*
	3a	60.87±5.27	149.60±12.95a*	44.57±5.71	138.93±8.81a*
极重度	1a	33.01±3.13	40.59±3.85b*	5.82±2.25	8.45±2.43b*
	2a	34.35±3.05	87.12±5.28a*	6.34±2.45	36.03±1.08a*
	3a	35.31±3.35	86.46±8.21a*	6.47±2.5	37.84±1.13a*

备注：显著水平 0.05；“＊”表示同一监测年度内样地和对照差异达到显著；不同监测年度两两比较时，如果后缀字母相同，如“aa”“bb”等，表示差异不显著，后缀字母不同时，如“ab”“bc”等，表示差异显著。

（4）土壤变化情况

1）土壤物容重变化

连续 3 年对示范监测点土壤取样分析表明，极重度沙地的土壤容重大于中度沙地，相同沙化程度沙地的上层（0~20 厘米）土壤容重均略小于下层土壤（20~40 厘米）容重；相同沙化程度同层土壤容重（上层或下层）治理与对照差异不明显，说明土壤上、下层土壤容重差异主要是由于土层本身特质决定，治理措施在短期内对土壤容重的影响不明显（见表 4.15、表 4.16）。

表 4.15 **若尔盖县示范监测点土壤容重变动情况表** 单位：克/立方厘米

土层	监测年度	中度		极重度	
		对照	样地	对照	样地
0~20 厘米	1a	1.223±0.028	1.218±0.025a	1.359±0.028	1.363±0.027a
	2a	1.211±0.021	1.204±0.028a	1.372±0.031	1.351±0.034a
	3a	1.216±0.019	1.195±0.026a	1.368±0.024	1.348±0.019a
20~40 厘米	1a	1.236±0.025	1.232±0.021a	1.381±0.033	1.384±0.025a
	2a	1.242±0.019	1.216±0.028a	1.365±0.031	1.362±0.022a
	3a	1.231±0.026	1.229±0.026a	1.393±0.027	1.358±0.037a

备注：显著水平 0.05；“＊”表示同一监测年度内样地和对照差异达到显著；不同监测年度两两比较时，如果后缀字母相同，如“aa”“bb”等，表示差异不显著，后缀字母不同时，如“ab”“bc”等，表示差异显著。

表 4.16　　　　　　　**理塘县示范监测点土壤容重变动情况表**　　　　单位：克/立方厘米

土层	监测年度	中度		极重度	
		对照	样地	对照	样地
0~20 厘米	1a	1.227±0.026	1.226±0.033a	1.372±0.022	1.366±0.023a
	2a	1.231±0.031	1.218±0.018a	1.384±0.033	1.378±0.031a
	3a	1.238±0.029	1.232±0.024a	1.387±0.036	1.371±0.033a
20~40 厘米	1a	1.266±0.036	1.254±0.027a	1.396±0.025	1.382±0.028a
	2a	1.278±0.031	1.269±0.036a	1.403±0.037	1.399±0.038a
	3a	1.261±0.025	1.262±0.024a	1.392±0.026	1.393±0.027a

备注：显著水平 0.05；“*”表示同一监测年度内样地和对照差异达到显著；不同监测年度两两比较时，如果后缀字母相同，如“aa”“bb”等，表示差异不显著，后缀字母不同时，如“ab”“bc”等，表示差异显著。

中度沙地治理示范监测点土壤容重变动情况：总体来看，上层土壤容重显著小于下层土壤容重，同层土壤（上层或下层）土壤容重治理与对照差异不明显，说明在监测时限内，土壤容重变化不明显。3 年监测期内，若尔盖县示范监测点的上层土壤平均容重 1.195~1.218 克/立方厘米，下层土壤平均容重 1.216~1.232 克/立方厘米；理塘县示范监测点的上层土壤平均容重 1.218~1.232 克/立方厘米，下层土壤平均容重 1.254~1.269 克/立方厘米。

极重度沙地治理示范监测点土壤容重变动情况：总体来看，上层土壤容重显著小于下层土壤容重，同层土壤（上层或下层）土壤容重治理与对照差异不显著，说明在监测时限内，土壤容重基本没有变化。3 年监测期内，若尔盖县示范监测点的上层土壤平均容重 1.348~1.363 克/立方厘米，下层土壤平均容重 1.358~1.384 克/立方厘米；理塘县示范监测点的上层土壤平均容重 1.366~1.378 克/立方厘米，下层土壤平均容重 1.382~1.399 克/立方厘米。

2）土壤化学性质变化

①土壤 pH

3 年监测期内，示范监测点极重度沙地的土壤 pH 值大于中度沙地；相同沙化程度沙地上层（0~20 厘米）土壤 pH 值均显著大于下层土壤（20~40 厘米）pH 值；相同沙化程度同层土壤（上层或下层）土壤 pH 值治理与对照差异不明显。说明土壤上、下层 pH 值差异主要是由于土层本身特质决定，本次治理技术措施在短期内对土壤 pH 值的影响不明显（见表 4.17 和表 4.18）。

中度沙地治理示范监测点土壤 pH 值变动情况：3 年监测期内，若尔盖县示范监测点上层土壤平均 pH 值在 7.37~7.47 之间，下层土壤平均 pH 值在 7.17~7.23 之间；理塘县示范监测点的上层土壤平均 pH 值在 7.43~7.47 之间，下层土壤平均 pH 值在 7.3~7.4 之间。两处示范监测点中上层（0~20 厘米）土壤 pH 值均显著大于下层土壤（20~

40 厘米）pH 值，同层土壤（上层或下层）土壤 pH 值与对照差异不显著。

表 4.17　　若尔盖县示范监测点土壤 pH 值变动情况表

土层（厘米）	监测年度	中度		极重度	
		对照	样地	对照	样地
0~20	1a	7.50±0.06	7.47±0.03a	7.73±0.07	7.67±0.03a
	2a	7.47±0.03	7.43±0.03a	7.77±0.07	7.67±0.09a
	3a	7.47±0.09	7.37±0.03a	7.70±0.06	7.63±0.03a
20~40	1a	7.27±0.03	7.23±0.03a	7.40±0.06	7.37±0.03a
	2a	7.23±0.09	7.23±0.03a	7.37±0.09	7.43±0.13a
	3a	7.20±0.06	7.17±0.03a	7.37±0.03	7.33±0.03a

备注：显著水平 0.05；“*”表示同一监测年度内样地和对照差异达到显著；不同监测年度两两比较时，如果后缀字母相同，如“aa”“bb”等，表示差异不显著，后缀字母不同时，如“ab”“bc”等，表示差异显著。

表 4.18　　理塘县示范监测点土壤 pH 值变动情况表

土层（厘米）	监测年度	中度		极重度	
		对照	样地	对照	样地
0~20	1a	7.60±0.06	7.47±0.09a	7.93±0.09	7.87±0.07a
	2a	7.53±0.03	7.47±0.03a	7.87±0.03	7.77±0.03a
	3a	7.53±0.03	7.43±0.03a	7.80±0.06	7.73±0.03a
20~40	1a	7.40±0.06	7.33±0.09a	7.47±0.03	7.43±0.03a
	2a	7.43±0.09	7.40±0.06a	7.47±0.07	7.43±0.07a
	3a	7.33±0.03	7.30±0.01a	7.43±0.03	7.40±0.06a

备注：显著水平 0.05；“*”表示同一监测年度内样地和对照差异达到显著；不同监测年度两两比较时，如果后缀字母相同，如“aa”“bb”等，表示差异不显著，后缀字母不同时，如“ab”“bc”等，表示差异显著。

极重度沙地治理示范监测点土壤 pH 值变动情况：3 年监测期内，若尔盖县示范监测点的上层土壤平均 pH 值在 7.63~7.67 之间，下层土壤平均 pH 值在 7.33~7.43 之间；理塘县示范监测点的上层土壤平均 pH 值在 7.73~7.87 之间，下层土壤平均 pH 值在 7.40~7.43 之间。两县示范监测点，上层（0~20 厘米）土壤 pH 值均显著大于下层土壤（20~40 厘米）pH 值，同层土壤（上层或下层）土壤 pH 值与对照差异不显著。

②土壤有机质

土壤有机质主要由动植物残体经土壤动物和土壤微生物的共同作用而形成的高分子有机胶体物质，对土壤物理、化学和生物学过程起着重要作用，其含量高低是衡量土壤肥力的重要指标。3 年监测期内，中度沙地土壤有机质要显著大于极重度沙地；相同沙化程度沙地上层土壤（0~20 厘米）有机质均显著大于下层土壤（20~40 厘米），相同沙化程度同层土壤（上层或下层）治理土壤有机质显著大于对照。说明土壤中有机质分布以上层为主，而治理措施能有效改善土壤有机质含量。见表 4. 19 和表 4. 20。

表 4. 19　　若尔盖县示范监测点土壤有机质变动情况表　　单位：克/千克

土层（厘米）	监测年度	中度		极重度	
		对照	样地	对照	样地
0~20	1a	16. 77±1. 04	28. 92±1. 08b*	7. 69±0. 89	17. 57±0. 91b*
	2a	16. 54±0. 90	43. 24±1. 04a*	7. 63±1. 02	29. 06±1. 03a*
	3a	17. 18±0. 62	45. 53±0. 92a*	8. 41±0. 49	30. 08±0. 67a*
20~40	1a	13. 33±0. 76	14. 14±0. 74a	4. 57±0. 77	5. 18±0. 81a
	2a	14. 02±1. 08	15. 23±1. 41a	5. 63±1. 04	6. 43±1. 25a
	3a	15. 14±0. 26	16. 53±0. 74a	7. 16±0. 51	7. 62±0. 75a

备注：显著水平 0. 05；“ * ”表示同一监测年度内样地和对照差异达到显著；不同监测年度两两比较时，如果后缀字母相同，如“aa”“bb”等，表示差异不显著，后缀字母不同时，如“ab”“bc”等，表示差异显著。

表 4. 20　　理塘县示范监测点土壤有机质变动情况表　　单位：克/千克

土层（厘米）	监测年度	中度		极重度	
		对照	样地	对照	样地
0~20	1a	10. 10±1. 05	16. 66±0. 86b*	4. 16±1. 04	7. 58±0. 79b*
	2a	9. 68±0. 91	22. 69±0. 89a*	4. 06±0. 81	12. 12±1. 01a*
	3a	11. 35±0. 53	24. 41±1. 57a*	5. 71±0. 27	13. 71±0. 68a*
20~40	1a	8. 16±0. 81	8. 21±0. 78a	3. 81±0. 79	4. 51±0. 46a
	2a	7. 68±1. 42	9. 85±1. 93a	3. 29±0. 97	3. 84±0. 68a
	3a	9. 74±0. 22	10. 95±1. 30a	4. 65±0. 25	5. 71±1. 24a

备注：显著水平 0. 05；“ * ”表示同一监测年度内样地和对照差异达到显著；不同监测年度两两比较时，如果后缀字母相同，如“aa”“bb”等，表示差异不显著，后缀字母不同时，如“ab”“bc”等，表示差异显著。

中度沙地治理示范监测点土壤有机质变动情况：3 年监测期内，若尔盖县示范监测点的上层土壤有机质平均含量在 28. 92~45. 53 克/千克之间，下层土壤有机质平均含量在 14. 14~16. 53 克/千克之间；理塘县示范监测点的上层土壤有机质平均含量在 16. 66~24. 41 克/千克之间，下层土壤有机质平均含量在 8. 21~10. 95 克/千克之间。

极重度沙地治理示范监测点土壤有机质变动情况：3 年监测期内，若尔盖县示范监测点的上层土壤有机质平均含量在 17. 57~30. 08 克/千克之间，下层土壤有机质平均含量在 5. 18~7. 62 克/千克之间；理塘县示范监测点的上层土壤有机质平均含量在 7. 58~13. 71 克/千克之间，下层土壤有机质平均含量在 4. 51~5. 71 克/千克之间。

两县示范监测点上层（0~20 厘米）土壤有机质均显著大于下层土壤（20~40 厘米），采取治理技术措施的上层土壤有机质均显著大于对照，采取治理措施的下层土壤有机质与对照差异不显著，这可能与监测时间较短有关。

值得注意的是，两县示范监测点内上层土壤第 1 年的有机质含量显著小于第 2 年和第 3 年，而第 2 年和第 3 年的有机质含量差异不显著。说明上层土壤有机质含量在实施治理技术措施后第 2 年提升最快，第 3 年后趋于平缓。

③土壤全 N 含量

3 年监测期内，土壤全 N 含量变化趋势与有机质变化趋势基本一致，中度沙地土壤全 N 含量要显著大于极重度沙地。相同沙化程度沙地上层（0~20 厘米）土壤全 N 含量均显著大于下层土壤（20~40 厘米），相同沙化程度沙地的同层土壤（上层或下层）全 N 含量均显著大于对照，说明土壤中全 N 分布以上层为主，治理技术措施短期内能有效改善上层土壤全 N 含量（见表 4.21 和表 4.22）。

中度沙地治理示范监测点土壤全 N 含量变动情况：3 年监测期内，若尔盖县示范监测点的上层土壤全 N 平均含量在 0.84~1.13 克/千克之间，下层土壤全 N 平均含量在 0.48~0.52 克/千克之间；理塘县示范监测点的上层土壤全 N 平均含量在 0.58~0.84 克/千克之间，下层土壤全 N 平均含量在 0.30~0.34 克/千克之间。两县示范监测点上层（0~20 厘米）土壤全 N 含量均显著大于下层土壤（20~40 厘米），上层土壤全 N 含量均显著大于对照，而下层土壤全 N 含量与对照差异不显著。

极重度沙地治理示范监测点土壤全 N 含量变动情况：3 年监测期内，若尔盖县示范监测点的上层土壤全 N 平均含量在 0.51~0.85 克/千克之间，下层土壤全 N 平均含量在 0.19~0.24 克/千克之间；理塘县示范监测点的上层土壤全 N 平均含量在 0.33~0.48 克/千克之间，下层土壤全 N 平均含量在 0.19~0.23 克/千克之间。两县示范监测点上层（0~20 厘米）土壤全 N 含量均显著大于下层土壤（20~40 厘米），上层土壤全 N 含量均显著大于对照，而下层土壤全 N 含量与对照差异不显著。

表 4.21　　若尔盖县示范监测点土壤全 N 变动情况表　　单位：克/千克

土层（厘米）	监测年度	中度		极重度	
		对照	样地	对照	样地
0~20	1a	0.55±0.02	0.84±0.02b*	0.31±0.02	0.51±0.02b*
	2a	0.52±0.01	1.10±0.02a*	0.30±0.01	0.82±0.03a*
	3a	0.53±0.03	1.13±0.04a*	0.28±0.03	0.85±0.03a*
20~40	1a	0.45±0.03	0.52±0.11a	0.21±0.02	0.19±0.08a
	2a	0.46±0.03	0.48±0.10a	0.22±0.02	0.23±0.09a
	3a	0.44±0.06	0.50±0.11a	0.24±0.05	0.24±0.11a

备注：显著水平 0.05；“*”表示同一监测年度内样地和对照差异达到显著；不同监测年度两两比较时，如果后缀字母相同，如“aa”“bb”等，表示差异不显著，后缀字母不同时，如“ab”“bc”等，表示差异显著。

表 4.22　　理塘县示范监测点土壤全 N 变动情况表　　单位：克/千克

土层（厘米）	监测年度	中度		极重度	
		对照	样地	对照	样地
0~20	1a	0.36±0.02	0.58±0.05b*	0.23±0.02	0.33±0.02b*
	2a	0.35±0.02	0.81±0.06a*	0.24±0.02	0.49±0.03a*
	3a	0.35±0.03	0.84±0.11a*	0.26±0.02	0.48±0.04a*
20~40	1a	0.29±0.03	0.30±0.03a	0.17±0.03	0.19±0.06a
	2a	0.31±0.02	0.31±0.02a	0.20±0.02	0.23±0.09a
	3a	0.29±0.04	0.34±0.08a	0.18±0.03	0.21±0.09a

备注：显著水平 0.05；“*”表示同一监测年度内样地和对照差异达到显著；不同监测年度两两比较时，如果后缀字母相同，如“aa”“bb”等，表示差异不显著，后缀字母不同时，如“ab”“bc”等，表示差异显著。

此外，两县示范监测点上层土壤第 1 年的全 N 含量显著小于第 2 年和第 3 年，而第 2 年和第 3 年的全 N 含量差异不显著，说明上层土壤全 N 含量在实施治理技术措施后第 2 年提升最快，第 3 年趋于平缓，与有机质变化趋势一致。

④全 P 变化

3 年监测期内，两县示范监测点相同沙化程度沙地均是上层土壤全 P 含量显著大于下层土壤。同一监测年度，上层土壤中的全 P 含量普遍要大于对照样地的上层土壤，而相同沙化程度沙地下层土壤全 P 含量与对照差异均不显著。相关分析表明，土壤全磷含量与有机质呈正相关，但相关系数远小于土壤中全氮与有机质的相关系数。说明磷在沙地生态系统物质循环中仍起一定的作用，通过凋落物分解回归土壤（见表 4.23 和表 4.24）。

中度沙地治理示范监测点土壤全 P 含量变动情况：3 年监测期内，若尔盖县示范监测点的上层土壤全 P 平均含量在 0.77~0.82 克/千克之间，下层土壤全 P 平均含量在 0.51~0.54 克/千克之间；理塘县示范监测点的上层土壤全 P 平均含量在 0.68~0.71 克/千克之间，下层土壤全 P 平均含量在 0.45~0.49 克/千克之间。两县示范监测点上层（0~20 厘米）土壤全 P 含量均显著大于下层土壤（20~40 厘米）。若尔盖县示范监测点上层土壤全 P 含量在第 1 年监测中与对照上层土壤全 P 含量差异不显著，但在第 2 年和第 3 年监测中均显著大于对照。理塘县示范监测点上层土壤全 P 含量在 3 个监测年度均显著大于对照，下层土壤全 P 含量与对照差异均不显著。

极重度沙地治理示范监测点土壤全 P 含量变动情况：3 年监测期内，若尔盖县示范监测点的上层土壤全 P 平均含量在 0.6~0.64 克/千克之间，下层土壤全 P 平均含量在 0.38~0.42 克/千克之间；理塘县示范监测点的上层土壤全 P 平均含量在 0.5~0.54 克/千克之间，下层土壤全 P 平均含量在 0.31~0.34 克/千克之间。示范监测点上层（0~20 厘米）土壤全 P 含量均显著大于下层土壤（20~40 厘米）。若尔盖县示范监测点上层土壤全 P

含量在第 1 年监测中与对照上层土壤全 P 含量差异不显著，在第 2 年和第 3 年监测中均显著大于对照。理塘县示范监测点上层土壤全 P 含量在第 1 年和第 2 年与对照上层土壤全 P 含量差异不显著，但在第 3 年监测中显著大于对照。两县示范监测点中下层土壤全 P 含量与对照差异均不显著。

表 4.23　若尔盖县示范监测点土壤全 P 变动情况表　单位：克/千克

土层（厘米）	监测年度	中度		极重度	
		对照	样地	对照	样地
0~20	1a	0.64±0.03	0.77±0.05a	0.49±0.02	0.60±0.06a
	2a	0.61±0.06	0.82±0.06a*	0.51±0.03	0.64±0.05a*
	3a	0.62±0.05	0.80±0.06a*	0.50±0.03	0.62±0.03a*
20~40	1a	0.53±0.05	0.51±0.06a	0.35±0.02	0.38±0.02a
	2a	0.51±0.04	0.54±0.04a	0.40±0.03	0.41±0.04a
	3a	0.49±0.04	0.53±0.04a	0.38±0.04	0.42±0.05a

备注：显著水平 0.05；“*”表示同一监测年度内样地和对照差异达到显著；不同监测年度两两比较时，如果后缀字母相同，如“aa”“bb”等，表示差异不显著，后缀字母不同时，如“ab”“bc”等，表示差异显著。

表 4.24　理塘县示范监测点土壤全 P 变动情况表　单位：克/千克

土层（厘米）	监测年度	中度（25<40%）		极重度（<10%）	
		对照	样地	对照	样地
0~20	1a	0.56±0.03	0.69±0.05a*	0.40±0.03	0.50±0.03a
	2a	0.56±0.05	0.68±0.06a	0.44±0.03	0.52±0.03a
	3a	0.58±0.06	0.71±0.04a*	0.41±0.02	0.54±0.04a*
20~40	1a	0.44±0.04	0.45±0.04a	0.29±0.01	0.32±0.03a
	2a	0.46±0.06	0.47±0.05a	0.31±0.03	0.31±0.03a
	3a	0.48±0.07	0.49±0.04a	0.32±0.05	0.34±0.05a

备注：显著水平 0.05；“*”表示同一监测年度内样地和对照差异达到显著；不同监测年度两两比较时，如果后缀字母相同，如“aa”“bb”等，表示差异不显著，后缀字母不同时，如“ab”“bc”等，表示差异显著。

⑤全 K 变化

3 年监测期内，两县示范监测点相同沙化程度沙地上层土壤和下层土壤全 K 含量差异不显著。同一监测年度相同沙化程度沙地对照样地和示范样地，全 K 含量均不存在显著差异。相关分析表明，土壤全 K 含量与有机质呈正相关，相关系数远小于土壤中全 N 和全 P 与有机质的相关系数（见表 4.25 和表 4.26）。

中度沙地治理示范监测点土壤全 K 含量变动情况：3 年监测期内，若尔盖县示范监测点的上层土壤全K平均含量在18.93~21.52克/千克之间，下层土壤全K平均含量在16.82~19.01克/千克之间；理塘县示范监测点的上层土壤全K平均含量在22.67~25.37克/千克之间，下层土壤全K平均含量在22.97~25.3克/千克之间。

极重度沙地治理示范监测点土壤全K含量变动情况：3年监测期内，若尔盖县示范监测点的上层土壤全K平均含量在17.63~19.23克/千克之间，下层土壤全K平均含量在16.7~20.05克/千克之间；理塘县示范监测点的上层土壤全K平均含量在23.31~24.43克/千克之间，下层土壤全K平均含量在21.22~24.05克/千克之间。

表4.25 **若尔盖县示范监测点土壤全K变动情况表** 单位：克/千克

土层（厘米）	监测年度	中度		极重度	
		对照	样地	对照	样地
0~20	1a	17.90±1.09	18.93±1.33a	17.31±2.81	19.23±3.93a
	2a	19.02±1.45	19.19±1.64a	17.83±2.55	17.63±1.58a
	3a	18.19±0.79	21.52±2.68a	19.53±2.51	18.83±1.31a
20~40	1a	17.42±1.34	16.82±1.44a	18.87±0.31	16.70±2.46a
	2a	20.18±2.28	19.01±1.49a	19.06±0.34	20.05±3.04a
	3a	19.23±1.96	18.33±3.74a	17.65±3.34	19.88±1.94a

备注：显著水平0.05；“*”表示同一监测年度内样地和对照差异达到显著；不同监测年度两两比较时，如果后缀字母相同，如“aa”“bb”等，表示差异不显著，后缀字母不同时，如“ab”“bc”等，表示差异显著。

表4.26 **理塘县示范监测点土壤全K变动情况表** 单位：克/千克

土层（厘米）	监测年度	中度		极重度	
		对照	样地	对照	样地
0~20	1a	22.87±3.01	23.50±3.47a	22.66±2.69	23.31±3.35a
	2a	24.93±2.99	22.67±3.75a	24.94±1.20	24.43±1.07a
	3a	23.11±3.15	25.37±1.40a	23.31±3.45	23.94±1.45a
20~40	1a	23.11±2.09	23.11±2.07a	23.38±1.94	23.34±2.94a
	2a	24.04±2.69	25.30±1.44a	24.04±1.86	24.05±2.06a
	3a	25.28±1.15	22.97±1.10a	24.63±2.90	21.22±4.12a

备注：显著水平0.05；“*”表示同一监测年度内样地和对照差异达到显著；不同监测年度两两比较时，如果后缀字母相同，如“aa”“bb”等，表示差异不显著，后缀字母不同时，如“ab”“bc”等，表示差异显著。

（5）示范监测点成效总结

结合若尔盖县和理塘县示范监测点的现状和立地条件，选择“高山柳+牧草”和“高山柳+牧草+沙障”进行治理，并连续3年的监测结果表明：

1）中度和极重度沙地示范地块的植被盖度均显著大于其对照，说明治理技术措施能显著提高植被盖度。中度沙地第3年植被盖度提高约24个百分点以上，极重度沙地第3年植被盖度提高约40个百分点以上；造林第1年，中度沙地的造林成活率在90%以上，极重度沙地的成活率在85%以上；造林后第3年，中度沙地的造林保存率在70%以上，极重度沙地的保存率在65%以上；造林后第3年，极重度沙地的沙障保存率50%以上。

2）在连续3年的监测期，理塘县和若尔盖县示范监测点的物种多样性指数总体上呈逐渐升高的趋势；随着治理年度的推延，植被高度均呈上升趋势，地上生物量大致呈现“先增长，后平稳”的趋势。同一监测年度，地上生物量均显著大于其对照样地，表明相应治理技术措施能大大促进牧草的萌发，加快植物生长，提高地上生物量的累积。

3）在连续3年的监测期，极重度沙地的土壤容重要比中度沙地大，极重度沙地的土壤pH值大于中度沙地pH值，中度沙地土壤有机质、全N含量要显著大于极重度沙地，相同沙化程度沙地上层（0~20厘米）有机质均显著大于下层土壤（20~40厘米），相同沙化程度同层土壤（上层或下层）有机质、全N均显著大于对照，说明土壤中有机质、全N分布以上层为主，治理措施能有效改善上层土壤有机质和全N含量。相同沙化程度沙地均是上层土壤全P含量显著大于下层土壤，上层土壤中的全P含量普遍要大于对照样地的上层土壤全P含量，相同沙化程度沙地上层土壤和下层土壤全K含量差异不显著。

4.2 沙化土地治理遵循的原则

总结历年来防沙治沙成功的经验和失败的教训，综合分析调查监测资料和典型调查材料，川西北高原沙化土地治理应遵循以下基本原则：

（1）因地施策。根据沙化土地不同的立地条件，宜乔则乔、宜灌则灌、宜草则草，达到因害设防，因地施策治理沙化的目的。

（2）严格树（草）种选择。沙化土地治理能否取得成效，很大程度上取决于树（草）种的选择。一是要注重树（草）的环境适应性。由于沙区环境条件特殊，立地条件差且复杂多样，因而要求所选择的树（草）种能适应立地的环境特征，以实现适地适树适种源的客观要求。二是树（草）种乡土化。所选树（草）种以乡土树（草）种为主导，以保证所选树（草）的适应性和环境的选择性。对于引进树（草）种必须是经过引种试验，表现稳定且对当地物种不构成威胁才能选用。三是功能协调性，恢复沙地植被所选树（草）种必须考虑其功能协调性，那就是以控制土地沙化、改善生态环境为主。四是适度满足当地需求，川西北高原沙区以牧业主为，当地对一些树（草）种有一些偏好，特别是草种，在充分考虑环境适应性的前提下，适度满足其愿望。

（3）细化沙化土地治理技术和措施。沙化土地植被恢复难度大，技术要求高，一个技术细节就可能决定治理的成败。这就要求各种技术措施要有针对性，具体化、细化各项技术措施，同时应具有可操作性。

4.3 沙化土地治理技术

4.3.1 树（草）种选择

根据沙化土地监测图斑、典型调查、植被调查、土壤调查等资料分析，结合近10年来川西北高原防沙治沙试点示范经验总结、研究成果和立地条件特点，进一步对各植物种类资源分布、生态学特性、生物学特性、经济性状等进行分析，分析归纳总结出川西北高原沙化治理常用树种和草种27种，其中：乔木3个、灌木11个、草本13个（见表4.27、表4.28、表4.29）。

表4.27 川西北高原沙化土地治理常用草种、树种表

	常用草种		常用树种	
	一年生	多年生	灌木	乔木
高原高寒沙化区（海拔2 800米以上）	燕麦、黑麦草等	阿坝硬秆仲彬草、川草1号、川草2号、垂穗披碱草、中华羊茅、无芒雀麦、早熟禾、沙打旺、红豆草、冰草、赖草	高山柳、康定柳、奇花柳、西藏沙棘、茶藨子、小檗、窄叶鲜卑花、绣线菊、川西锦鸡儿、变叶海棠	康定杨、川西云杉、光果西南杨

表4.28 川西北高原沙化治理常用树种

名称	形态	适生环境
康定杨	乔木	落叶乔木，适生于海拔3 000~4 000米的河滩地、河沟边、路旁
光果西南杨	乔木	落叶乔木，适生于海拔2 500~4 100米的河滩地、河沟边、路旁
川西云杉	乔木	常绿乔木，适生于海拔3 200~4 500米的阴坡、半阴坡
高山柳	灌木	落叶小乔木或灌木,适合于海拔2 800~4 300米的河滩地、河沟边、裸沙地
康定柳	灌木	落叶小乔木或灌木,适合于海拔2 900~4 400米的河滩地、河沟边、裸沙地
奇花柳	灌木	落叶灌木，适合于海拔2 800~3 500米的灌丛，沙地
西藏沙棘	灌木	落叶灌木，适合于海拔3 500~4 500米的灌丛，河滩地、河沟边
茶藨子	灌木	落叶灌木，适合于海拔2 500~4 100米的灌丛，河滩地、河沟边
小檗	灌木	落叶灌木，适合于海拔2 500~3 500米的灌丛，河滩地、河沟边
窄叶鲜卑花	灌木	落叶灌木，适合于海拔2 500~4 000米的灌丛，河滩地、河沟边
高山绣线菊	灌木	落叶灌木，适合于海拔2 500~4 000米的灌丛，草地
川西锦鸡儿	灌木	落叶灌木，适合于海拔3 000~4 400米的灌丛，草地
变叶海棠	灌木	落叶小乔木或灌木，适生于海拔2 500~3 500米的河滩地、河沟边

表 4.29　　川西北高原沙化治理常用草种

名称	生活型	适生环境
燕麦	一年生	适生海拔 2 500~4 200 米灌丛、草地、河沟边
黑麦草	一年生	适生海拔 2 800~3 600 米灌丛、草地、河沟边
阿坝硬秆仲彬草	多年生	适生海拔 2 800~4 100 米灌丛、草地、河沟边
川草 1 号老芒麦	多年生	适生海拔 2 100~4 400 米灌丛、草地、河沟边
川草 2 号老芒麦	多年生	适生海拔 2 100~4 400 米灌丛、草地、河沟边
垂穗披碱草	多年生	适生海拔 2 100~4 600 米灌丛、草地、河沟边
中华羊茅	多年生	适生海拔 3 200~4 100 米灌丛、草地
无芒雀麦	多年生	适生海拔 2 900~3 500 米灌丛、草地、河沟边
早熟禾	多年生	适生海拔 1 500~4 000 米灌丛、草地、河沟边
高原早熟禾	多年生	适生海拔 3 600~4 600 米灌丛、草地
沙打旺	多年生	适生海拔 3 400~4 000 米灌丛、草地
红豆草	多年生	适生海拔 3 000~3 500 米灌丛、草地
冰草	多年生	适生海拔 2 300~3 800 米灌丛、草地
赖草	多年生	适生海拔 3 200~4 000 米灌丛、草地

4.3.2　苗木、种子质量

由于川西北高原自然条件差，把好种子、苗木质量关是沙化土地治理的重要环节，选用良种、壮苗是提高治理成效的重要措施。一是林木种子质量执行《林木种子质量分级表》（GB 7908），质量要求Ⅱ级及以上。二是苗木应使用《主要造林树种苗木质量分级》（GB6000）和《四川主要造林树种苗木质量分级》（DB51/T705）规定的Ⅰ、Ⅱ级苗木，并尽可能使用Ⅰ级苗。国家标准和地方标准未列入的树种，应选用品种优良、根系发达、生长发育良好、植株健壮的苗木。容器苗执行《容器育苗技术》（LY/T1000-2013）的规定。三是草种要求色泽正常、种粒饱满、均匀、干燥、无杂质、无虫蛀等。草种质量执行《四川省牧草种子质量分级》（DB51/T668），质量要求Ⅱ级及以上。

4.3.3　沙障设置

沙障，又称机械沙障、风障，是用柴草、秸秆、粘土、树枝、板条、卵石等物料在沙面上做成的障蔽物，是消减风速、固定沙表的有效的工程固沙措施。其主要作用是固定流动沙丘和半流动沙丘。

沙障类型：适合川西北高原沙区的沙障主要为高山柳沙障、竹帘沙障和草沙障，其中高山柳沙障属植物沙障，其本身的萌蘖繁育也可以达到植被恢复的目的，适用于高山柳来源比较丰富的区域；竹帘沙障属机械沙障，适用于高山柳来源不足区域；草沙障适宜于草秆资源丰富区域。也可根据实际情况采用石质沙障或其他沙障。

沙障材料：①高山柳沙障：采用优质的、色泽正常，无病虫害柳干（3~4 年生，粗 3 厘米以上），截成干长为 40~50 厘米作为固定桩；采用优质的 2~3 年生，色泽正常，充分木质化、无病虫害高山柳条作编条。②竹帘沙障：采用生长三年以上的黄竹，制作成每片宽≥2 厘米，长≥70 厘米的小竹片，再用 16#铁丝分三路进行编织，间隙≤1 厘米。③草沙障：以秸秆为材料。

沙障规格：沙障采用方格网设置。高山柳沙障规格为方格网 2 米×2 米~2 米×4 米；竹帘沙障规格为方格网 4 米×4 米~6 米×6 米；草沙障规格为方格网 1 米×1 米~1 米×2 米。

施工方法：①高山柳沙障：先用准备好的柳干，从迎风坡下部开始，埋设一道与主风方向垂直的一条主带；把准备好的柳干用力插入沙地 20~30 厘米使之固定，干与干的距离为 20 厘米，然后再在干与干间用柳枝编制成柳笆，此为第一条主带。按上述方法平行于第一条主带，再设置其他主带。主带做好后再作副带，副带和主带垂直（流动沙地设副带，半固定沙地不设副带），形成纵横交错的柳笆方格。②竹帘沙障：从迎风坡下部开始，先划 1 条与主风方向垂直的线扎设第 1 条主带，将顺整好的竹帘沿划好的线埋入沙层 30 厘米，使竹帘的一端露出地面 40 厘米左右，并壅沙加固扶直，此为第 1 条主带。按上述方法平行于第 1 条主带，再做其他主带。主带做好后，再做副带，副带与主带垂直，形成纵横交错的竹帘方格沙障。③草沙障：在迎风坡横对主风方向直线平铺麦秸或稻草，用铁锹从草腰部插压入沙地内约 15 厘米，地上露出 15~20 厘米，草厚 5~6 厘米，再向草带壅沙加固草带。主带完成后，与主带垂直铺设竖带，竖带草的厚度可稍薄，要与主带衔接好。

4.3.4 造林

（1）人工植苗

造林时间：在土壤解冻后的 4 月下旬至 5 月中旬进行植苗造林。

整地：采用穴状整地，整地规格为 40 厘米×40 厘米×40 厘米。对于风沙土形成的重度沙地和极重度沙地，可不进行整地。

栽植技术：为提高栽植成活率，在栽植前先对苗木进行去除嫩梢定干处理（根据治理区海拔等条件具体确定），采取随整地随栽植，适当深栽，踩紧压实，浇足定根水。在栽植灌木时，可进行丛植。

（2）播种造林

适用范围：在人工植苗造林不便或鸟兽危害较轻的地区，可采用播种造林。

种子要求：播种造林种子的质量应达到《林木种子质量分级》（GB7908）规定的合格种子的标准；为提高播种造林成效，在播种前根据需要可对林木种子进行浸种、催芽、拌药等处理。

播种造林方式：采用穴播或条播，在操作困难的地段，可在雨季撒播。

播种量：根据树种的生物学特性、立地条件和造林密度确定。

人工播种造林覆土厚度：穴播、条播覆土厚度一般为种子直径的3~5倍，土壤黏性重的可适当薄些，沙质土壤可适当厚些。

4.3.5 种草

草种选择：为提高植物群落稳定性和促进草的恢复进程，草种应同时筛选3个以上适宜优良草种，并包括有一年生草和多年生草。多年生草种与一年生草种混播比例7∶3或8∶2。

播种量：轻度沙地30~45千克/公顷；中度沙地40~50千克/公顷；重度沙地45~60千克/公顷；极重度沙地45~75千克/公顷。

草种处理：草种在播种前应进行处理，主要包括变温、去芒、消毒三个环节。①草种变温：将待播的种子先用低温处理，再用高温处理，低温下处理16~17小时，高温下处理7~8小时，低温8℃~10℃，高温30℃~32℃。②草种去芒：包括机器去芒和碾压去芒两种方式，机器去芒是将草种子装满专用去芒机的种子箱，通过机械作用将草种芒折断，筛去即可达到去芒。碾压去芒是将具有长芒的种子铺在碾盘或晒场上，厚度5~7厘米，用碾子碾压或用环形镇压器进行切压，然后用筛子筛去即可。

草种消毒：主要采取药粉拌种和药物浸种两种方式进行草种消毒。药粉拌种即播种前用消毒粉剂药物与种子拌种，拌后随即播种。药物浸种是采用1%石灰水或者福尔马林溶液进行药物浸种，然后清水清洗，在阴凉处晾干，即可播种。

播种时间：4月~5月中旬，播种宜选择在雨后进行。

播种方法：在实施播种前，对拟播种区进行场地清理和浅耙，破土深度5厘米左右，不能太深，否则不易出苗，浅耙时，尽量不破坏原有植被。播种方式主要采用撒播或条播。

4.3.6 施肥

肥料种类：优先采用腐熟的牛羊粪，施肥前处理采用半坑式堆制，用双层农膜全堆包裹保温，堆肥完成时间一般以14天为宜。在牛羊粪供应量不足的情况下，可采购有机肥。

施肥方式：穴施或撒施。

施肥时间：4~5月中旬，有条件的地方可在4~8月期间进行追肥。

施肥量：穴施为2~4千克/穴，撒施的肥料用量5~15吨/公顷。

4.3.7 围栏

川西北高原是四川最大牧业基地，也是我国五大牧区之一，为加强沙地治理区管理，减小牛羊等对沙地治理成效的不利影响，在畜牧矛盾突出的地段可实施机械围栏。

围栏类型：沙化治理中围栏主要采用水泥柱围栏或角钢围栏。在管护条件好的地方，优先选用成本较低的角钢围栏，在管护条件差的地方采用水泥柱围栏。

围栏规格：执行《防沙治沙技术规范》（GB/T21141）。

围封面积：围栏设置原则上以治理小班为单位，小班集中区域可适当合并设置，围封面积不大于50公顷。沙化治理区要留出牧道，方便牛羊正常通行。

出入口设置：在临近道路、村庄等适当位置设置出入口，以便人、畜、车辆出入。

4.3.8 鼠害防治

鼠害是川西北高原土地沙化的一大生物灾害，不仅造成巨大的经济损失，而且还会威胁人类健康，传播人类疾病。草地鼠害的严重危害已引起国家和社会各界的广泛关注。目前，川西北高原鼠害防治效果比较显著的是设置招鹰架和药剂灭鼠。

（1）设置招鹰架

根据鼠类天敌和鼠类具有的食物链关系，用鼠的天敌来控制区域内鼠的数量和密度，达到控制鼠害，保护沙地治理成效的目的。鼠类的天敌种类和数量多，其中鸟类中的猛禽（如隼形目）是鼠类天敌中的一个重要类群，在其食物中鼠类的遇见率高达70%，1只成年鹰1日内可捕食20~30只野鼠，捕捉范围可达200~500米。

为了便于鹰类的瞭望、捕食和避敌，鹰架设计为“T”字形，上端为横梁，下端为立柱，横梁与立柱之间用螺栓、螺母连接固定。立柱可设计成长方体或圆柱体，尺寸为15厘米×15厘米×500厘米，上端设置螺栓。横梁设计为长方体，尺寸为15厘米×15厘米×30厘米，在横梁中间打孔，用于安装螺栓。

根据鼠害、地形地貌、周围建筑和其他设施等情况，合理规划安装区域和安装位置，应综合考虑以下因素：害鼠常年活动且密度较大；地形起伏较小、地势较平坦、开阔；离永久性建筑物和电杆400米外；远离高山、道路，不应设在高凸处或沟谷。在符合安装要求的区域，选择视野相对开阔，土壤较紧实、干燥的地方作为鹰架安装点，定位后挖坑凿洞，洞底用水泥、石块打基，洞直径30厘米，洞深80~100厘米。在立柱上端先装上横梁，用螺母固定，然后把立柱底端放入已凿开的洞口内，埋深80~100厘米，用水泥、石块、泥土填充并夯实，可堆砌围堤。一般两相邻鹰架间的水平距离为500~800米。

（2）药剂灭鼠

药剂选择：主要采用C型肉毒素或D型内毒素。

灭鼠时间：每年的12月至次年3月。

饵料配制：饵料可选用小麦、白菜和土豆等。将1毫升生物药剂与800毫升的水混匀后倒入1千克的饵料，分搅均匀，放置24小时使药液充分被饵料吸收。

投放：投放时将人员一字型排开，间距约5米/人，统一行动，匀速前进，严防漏投、重投现象。距有效洞口3厘米处，投10~15粒毒饵。

注意事项：施药人员应经过技术培训，掌握安全操作知识和具备自我防护技能。体弱多病、患皮肤病、农药中毒和患其他疾病未恢复健康的，以及哺育期、孕期、经期妇女和儿童不得参与施药。

若尔盖县沙化治理成效对比见二维码：

理塘县沙化治理成效对比见二维码：

4.4 沙化治理模型典型设计

模型典型设计，是将相似的沙化土地治理技术措施加以归并，使得同一模型的治理技术措施基本一致，不同治理模型之间则有较大差异，其措施具有典型性和代表性，在沙化土地治理中具有广泛的用途。

以沙化治理工程技术措施及成效调查结果为基础，对筛选出的树种、草种进行技术措施设计及优化，结合川西北高原立地类型和沙化程度，提炼出24个典型沙化治理模型，其中：康定杨模型共有4种；川西云杉模型2种；高山柳模型7种；沙棘模型7种；混合牧草模型4种（见附表3）。各治理模型主要从整地技术、栽植技术、播种技术、施肥技术、沙障设置技术、灭鼠技术等方面进行集成。每一个沙化治理典型模型设计都是一套系统的植被恢复技术措施，通过图、文并茂方式将不同的沙地条件所适宜的树种和草种的配置、整地、造林、种草、抚育管护等措施完整地表达出来。

沙化治理模型典型设计包括以下主要内容：

（1）模型名称及典型设计号：模型名称以采用的主要树、草种命名，典型模型设计号用阿拉伯数字“1、2、3……”表示，如“1”表示第1个造林模型。

（2）适宜的立地类型号：按立地分类系统的编号填写。

（3）适宜沙化程度：按轻度、中度、重度、极重度填写。

（4）植被恢复技术措施：分为沙障设置、造林、种草、围栏封育、抚育管护等相关技术措施，主要从实施时间、方式、相关材料用量等方面进行设计。

（5）备注：列出需要说明的事项。

（6）配置图式：将上述沙化治理模型主要技术措施绘制在一张示意图上，包括种植配置平面示意图、种植配置整地样式图、种植配置透视示意图。

参考文献

[1] 李森，杨萍，等. 西藏土地沙漠化及其防治 [M]. 北京：科学出版社，2010.

[2] 张登山，高尚玉，等. 青海线高原土地沙漠化及其防治 [M]. 北京：科学出版社，2009.

[3] 骆建国，郑文清. 川西北草地沙漠化现状与防治对策研究 [J]. 四川林业科技，2006 (1)：63-66.

[4] 蔡凡隆，黎治福，岳鹏. 川西北地区沙化土地现状、变化趋势及成因分析 [J]. 科技信息，2007 (22)：294-295.

[5] 郭亨孝，孟宏伟，陈昌久，等. 关于川西北沙化问题的调研报告 [J]. 四川林业科技，2010 (2)：1-3.

[6] 朱子政，刘凯，蔡凡隆，等. 四川省西北地区沙化土地驱动机制研究 [J]. 林业建设，2014 (5)：64-70.

[7] 刘朔，蔡凡隆，唐小智，等. 甘孜州土地沙化成因分析及治理对策 [J]. 林业调查规划，2010 (2)：103-106.

[8] 刘朔，唐小智，袁晖，等. 四川省阿坝州沙化现状、成因分析及防治对策 [J]. 甘肃林业科技，2010 (2)：63-66.

[9] 雷虹，王文成. 围封对沙化草地植物群落变化的影响 [J]. 辽宁畜牧兽医，2002 (2)：38-39.

[10] 聂素梅，闫志坚，王育青，等. 达尔罕茂明安联合旗退化天然草场松土围封效果分析 [J]. 内蒙古草业，1999 (4)：4-8.

[11] 吴德东，刘淑玲，李玉航，等. 围封对沙地草地的影响 [J]. 中国草地，1997 (6)：36-40.

[12] 韩建国，李枫. 围封休闲对退化草地牧草影响初探 [J]. 四川草原，1995 (1)：17-19.

[13] 柯丛茂. 草（枝条）方格沙障沙害预测预报模型的研究 [J]. 南吕水专学报，2000，19 (2)：49-53.

[14] 孙显科，郭志中. 沙障固沙原理的研究 [J]. 甘肃林业科技，1999，24 (2)：7-12.

[15] 张凤春，蔡宗良. 活沙障适宜树种选择研究 [J]. 中国沙漠，1997，17 (3)：

304-308.

[16] 李生宇，雷加强. 草方格沙障的生态恢复作用——以古尔班通古特沙漠油田公路扰动带为例 [J]. 干旱区研究，2003，20 (1)：7-10.

[17] 刘艳军，刘明义，张力，等. 花棒带状沙障防风固沙试验研究 [J]. 中国水土保持，1999 (4)：23-25.

[18] 李树苹. 黄柳沙障柠条网格在水土保持中的作用及特性 [J]. 水土保持研究，1998，5 (3)：126-128.

[19] 高永，邱国玉，丁国栋，等. 沙柳沙障的防风固沙效益研究 [J]. 中国沙漠，2004，24 (3)：365-370.

[20] 董智，李红丽，左合君，等. 土壤凝结剂沙障防风固沙实验研究 [J]. 中国水土保持科学，2004，2 (2)：46-50.

[21] 董智，李红丽，左合君，等. 土壤凝结剂沙障防沙机理的风洞模拟实验研究 [J]. 干旱区资源与环境，2004，18 (3)：154-159.

[22] 韩致文，刘贤万，姚正义，等. 复膜沙袋阻沙体与芦苇高立式方格沙障防沙机理风洞模拟实验 [J]. 中国沙漠，2000，20 (1)：40-44.

[23] 柴发盛. 土方格沙障在防沙治沙造林中的作用 [J]. 青海农林科技，2001 (3)：58-59.

[24] 李进，刘志民，李胜功，等. 科尔沁沙地人工植被建立模式的探讨 [J]. 应用生态学报，1994，5 (1)：46-51.

[25] 邵玉琴，雍世鹏，廖仰南，等. 人工植被固沙工程系统稳定性的土壤微生物数量的初步分析 [J]. 内蒙古大学学报（自然科学版），1995，26 (1)：75-79.

[26] 顾峰雪，文启凯，潘博荣，等. 塔克拉玛干沙漠脂地人工植被下土壤微生物的初步研究 [J]. 生物多样性，2000，8 (3)：297-303.

[27] 顾峰雪，文启凯，潘博荣. 人工植被下风沙土演变研究综述 [J]. 干旱区研究，1999，16 (2)：67-70.

[28] 顾峰雪，潘晓玲，潘博荣，等. 塔克拉玛干沙漠腹地人工植被土壤肥力变化 [J]. 生态学报，2002，22 (8)：1179-1188.

[29] 刘树华，辛国君，陈荷生，等. 沙漠人工植被和流动沙丘的小气候特征观测研究 [J]. 干旱区地理，1994，17 (1)：16-23.

[30] 张小由. 裸沙地上建立人工植被后的若干小气候效应 [J]. 中国农业气象，1995，16 (2)：37-40.

[31] 刘朔，陈天文，蔡凡隆. 川西北高寒草地沙化进程中土壤物理性质的变化——以理塘县为例 [J]. 四川林业科技，2013，34 (2)：43-47.

[32] 刘朔，蔡凡隆，杨建勇. 川西北沙化治理现状及治理区划 [J]. 林业调查规划，2011，36 (3)：122-126.

[33] 邓东周，宋鹏，周金星，等. 川西北高寒沙区引进桑树种试验初探 [J]. 四川林业科技，2012，33 (3)：78-80.

［34］王岩春，干有民，费道平，等. 川西北退牧还草工程区围栏草地植被恢复效果的研究［J］. 草业科学，2008，25（10）：15-19.

［35］郭向昭，张长龙，等. 陕北干草原边缘地带人工招鹰架灭鼠效果评价［J］. 陕西农业科学，2007（5）：59-60，163.

［36］四川省统计局，国家统计局，四川调查总队. 四川统计年鉴［M］. 北京：中国统计出版社，2017.

［37］四川省林业厅. 四川省第五次荒漠化和沙化监测实施细则［R］. 2014.

［38］四川省林业厅. 川西北地区土地沙化科学考察报告［R］. 2010.

［39］四川省林业厅，四川省林业勘察设计研究院. 四川省沙化土地监测报告［R］. 2015.

［40］四川省林业调查规划院. 川西北典型沙化县——理塘县本底调查报告［R］. 2012.

［41］四川省林业调查规划院. 川西北典型沙化县——壤塘县本底调查报告［R］. 2012.

附录

附表 1　　川西北高原沙地常见植物名录

序号	名称	沙地			
		轻度	中度	重度	极重度
	裸子植物门 Gymnospermae				
	松柏纲 Coniferopsida				
	(一) 松科 Pinaceae				
	云杉属				
1	川西云杉 *Picea balfouriana*	偶见	偶见		
	被子植物门 Angiospermae				
	双子叶植物纲 Dicotyledoneae				
	(一) 杨柳科 Salicaceae				
	杨属				
2	康定杨 *Populus kangdingensis* C. Wang et Tung.	常见	较常见	偶见	
3	光果西南杨 *Populus schneideri*（Rehd.）N. Chao	偶见			
	柳属				
4	康定柳 *Salix paraplesia* Schneid.	常见	较常见	偶见	
5	杯腺柳 *Salix cupularis* Rehd.	偶见	较常见	常见	偶见
6	奇花柳 *Sslix atopantha* Schneid	偶见	较常见	常见	偶见
	(二) 胡颓子科 Elaeagnaceae				
	沙棘属				
7	中国沙棘 *Hippophe rhamnoides* L. subsp. sinensis Rousi	偶见	偶见		
8	西藏沙棘 *Hippophe thibetana* Schlecht.	偶见	较常见	较常见	
	(三) 蓼科 Polygonaceae				
	蓼属				
9	圆穗蓼 *Polygonum macrophyllum* D. Don	常见	较常见	偶见	
10	珠芽蓼 *Polygonum viviparum* L.	常见	较常见		
	酸模属				
11	尼泊尔酸模 *Rumex nepalensis* Spreng.	较常见	偶见		
	(四) 石竹科 Caryophyllaceae				
	蚤缀属				

附表1(续)

序号	名称	沙地			
		轻度	中度	重度	极重度
12	甘肃蚤缀 *Arenaria kansuensis* Maxim.	较常见	较常见	偶见	
	（五）毛茛科 Ranunculaceae				
	乌头属				
13	康定乌头 *Aconitum tatsienense* Finet et Gaynep.	较常见	较常见	偶见	
14	甘青乌头 *Aconitum tanguticum* (Maxim.) Stapf .	较常见	较常见	偶见	
	银莲花属				
15	展毛银莲花 *Anemone demissa* Hook. f. et Thoms.	较常见	较常见	偶见	
16	条叶银莲花 *Anemone trullifolia* Hook. f. et Thoms var. linearia (Bruhl) Hand.	较常见	常见	较常见	
17	草玉梅 *Anemone rivularis* Buch.	较常见	常见	较常见	
	翠雀属				
18	白蓝翠雀花 *Delphinium albocoeruleum* Maxim.	较常见	较常见	偶见	
	毛茛属				
19	高原毛茛 *Ranunculus tanguticus* (Maxim.) Ovcz.	较常见	常见	较常见	偶见
	唐松草属				
20	川甘唐松草 *Thalictrum baicalense* Turcz. var. megalostigma	偶见	较常见	较常见	
21	高山唐松草 *Thalictrum alpinum* L.	偶见	较常见	偶见	
	金莲花属				
22	青藏金莲花 *Trollius pumilus* D. Don var. tanguticus Bruhl	较常见	常见	较常见	
23	矮金莲花 *Trollius farreri* Stapf.	较常见	常见	较常见	
	铁线莲属				
24	甘青铁线莲 *Clematia tangutica* (Maxim.) Korsh.	偶见	较常见	较常见	
	（六）罂粟科 Papaveraceae				
	紫堇属	偶见	较常见	偶见	
25	曲花紫堇 *Corydalis curviflora* Maxim.				
	绿绒蒿属				
26	多刺绿绒蒿 *Meconopsis horridula* Hook. f. et Thoms.	偶见	较常见	较常见	
27	红花绿绒蒿 *Meconopsis punicea* Maxim.	偶见	较常见	偶见	
	（七）十字花科 Cruciferae				
	荠属				
28	荠 *Capsella bursa-pastoris* (L.) Medic.	较常见	较常见	偶见	
	葶苈属				
29	喜山葶苈 *Draba oreades* Schrenk.	较常见	较常见	偶见	
	菥蓂属	偶见	较常见	偶见	
30	菥蓂 *Thlaspi arvense* L.				
	播娘蒿属				

附表1(续)

序号	名称	沙地			
		轻度	中度	重度	极重度
31	播娘蒿 *Descurainia sophia* (L.) Webb. ex Prantl.	较常见	较常见	偶见	
	(八) 景天科 Crassulaceae				
	景天属				
32	狭叶红景天 *Rhodiola kirilowii* (Regel) Regel.	偶见	较常见	较常见	偶见
	(九) 虎耳草科 Saxifragaceae				
	虎耳草属				
33	聚叶虎耳草 *Saxifraga confertifolia* EngL. Et Irm.	较常见	较常见	偶见	
34	黑蕊虎耳草 *Saxifraga melanocentra* Franch.	偶见	较常见	偶见	
35	山地虎耳草 *Saxifraga enticu* H. Smith	较常见	较常见	偶见	
	茶藨子属				
36	大刺茶藨 *Ribes alpestre* Wall. ex Decne	偶见	较常见	偶见	
	(十) 蔷薇科 Rosaceae				
	栒子属				
37	平枝栒子 *Cotoneaster horizontalis* Dcne.	偶见	较常见	较常见	
38	匍匐栒子 *Cotoneaster adpressus* Bois	偶见	较常见	较常见	
	委陵菜属				
39	楔叶委陵菜 *Potentilla ambigua* Cam	偶见	较常见	较常见	
40	鹅绒委陵菜 *Potentilla enserina* L.	较常见	常见	常见	偶见
41	柔毛萎陵菜 *Potentilla griffithii* Hook. f.	偶见	较常见	较常见	偶见
42	长柔毛萎陵菜 *Potentilla griffithii* Hook. f. var. velutina Card.	较常见	常见	偶见	
43	钉柱委陵菜 *Potentilla saundersiana* Royhe	较常见	常见	较常见	偶见
44	二裂叶委陵菜 *Potenilla bifurca* L.	较常见	常见	较常见	偶见
45	绵毛果委陵菜 *Potenilla eriocarpa* Wall.	较常见	常见	较常见	
46	蛇含委陵菜 *Potenilla kleiniana* Wight. et Arn.	较常见	常见	较常见	偶见
47	金露梅 *Potentilla fruticosa* L.	较常见	常见	常见	偶见
48	银露梅 *Potentilla glabra* Lodd.				
	鲜卑花属				
49	窄叶鲜卑花 *Sibiraea angustata* (Rehd.) Hand.	较常见	常见	较常见	
	绣线菊属				
50	细枝绣线菊 *Spiraea myrtilloides* Rehd.	较常见	常见	较常见	偶见
51	高山绣线菊 *Spiraea aipina* Pall.	较常见	常见	较常见	偶见
	山莓草属				
52	白叶山莓草 *Sibbaldia micropetala* O. Muravjeva	较常见	较常见	偶见	
	(十一) 豆科 Leguminosae				
	黄芪属				
53	密花黄芪 *Astragalus densiflorus* Kar et Kir.	偶见	较常见	较常见	偶见

附表1(续)

序号	名称	沙地			
		轻度	中度	重度	极重度
54	沙打旺 *Astragalus adsurgens* Pall.		较常见	较常见	较常见
	槐属				
55	白刺花 *Sophora davidii* (Franch.) Skeels	较常见	常见	较常见	
	锦鸡儿属				
56	川西锦鸡儿 *Caragana erinacea* Kom	偶见	常见	较常见	
57	鬼箭锦鸡儿 *Caragana jubata* (Pall.) Poir.	偶见	较常见	较常见	
	棘豆属				
58	黄花棘豆 *Oxytropis ochrocephala* Bunge.	偶见	较常见	常见	
	(十二) 牻牛儿苗科 Geraniaceae				
	老鹳草属				
59	甘青老鹳草 *Geranium pylzowianum* Maxim.	较常见	常见	较常见	
	(十三) 堇菜科 Violaceae				
	堇菜属				
60	圆叶小堇菜 *Viola rockiana* W. Beck.	较常见	偶见		
61	双花堇菜 *Viola biflora* L.	较常见	偶见		
62	西藏堇菜 *Viola kunawarensis* Royle.	较常见	偶见		
	(十四) 瑞香科 Thymelaeaceae				
	狼毒属				
63	狼毒 *Stellera chamaejasme* L.	偶见	较常见	常见	偶见
	(十五) 柳叶菜科 Onagraceae				
	柳叶菜属				
64	柳兰 *Epilobium angustifolium* Linn.	较常见	偶见		
65	柳叶菜 *Epilobium hirsutum* L.	较常见	较常见	偶见	
	(十六) 伞形科 Umbelliferae				
	峨参属				
66	峨参 *Anthriscus sylvestris* (L.) Hoffm.	较常见	常见	较常见	偶见
	葛缕子属				
67	葛缕子 *Carum carvi* L.	偶见	偶见		
	(十七) 报春花科 Primulaceae				
	点地梅属				
68	直茎点地梅 *Androsace erecta* Maxim.	较常见	偶见		
69	西藏点地梅 *Androsace mariae* Kanitz	偶见	偶见		
	(十八) 龙胆科 Gentianaceae				
	龙胆属				
70	蓝白龙胆 *Gentiana leucomelaena* Maxim.	较常见	常见	偶见	
71	秦艽 *Gentiana macrophylla* Pall	常见	较常见	偶见	

附表1(续)

序号	名称	沙地			
		轻度	中度	重度	极重度
72	华丽龙胆 *Gentiana sino-ornata* Balf. F.	较常见	偶见		
73	麻花艽 *Gentiana straminea* Maxim.	常见	较常见	较常见	
	花锚属				
74	椭圆叶花锚 *Halenia elliptica* D. Don	较常见	较常见	偶见	
	喉毛花属				
75	喉毛花 *Comastoma pulmonarium*（Turcz.）Toyokuni.	较常见	偶见	偶见	
	（十九）紫草科 Boraginaceae				
	长柱琉璃草属				
76	长柱琉璃草 *Lindelofia stylosa*（Kar. Et Kir.）Brand	较常见	较常见	偶见	
	紫草属				
77	紫草 *Lithospermum erythrorhizon* Sieb. Et Zucc.	较常见	较常见	偶见	
	微孔草属				
78	甘青微孔草 *Microula pseudotrichocarpa* W. T. Wang	较常见	偶见		
79	微孔草 *Microula sikkimensis*（entic）Hemsl.	较常见	较常见	偶见	
	鹤虱属				
80	蓝刺鹤虱 *Lappula consanguinea*（Fisch. et Mey.）Gurke.	较常见	常见	较常见	
	（二十）唇形科 Labiatae				
	筋骨草属				
81	白苞筋骨草 *Ajuga lupulina* Maxim.	常见	较常见	偶见	
	青兰属				
82	甘青青兰 *Dracocephalum tanguticum* Maxim.	较常见	较常见	偶见	
	香薷属				
83	密花香薷 *Elsholtzia densa* Benth.	较常见	常见	较常见	偶见
84	毛穗香薷 *Elsholtzia eriostachya* Benth.	较常见	较常见	偶见	
	独一味属				
85	独一味 *Lamiophlomis rotata*（Benth.）Kudo	常见	常见	较常见	
	荆芥属				
86	蓝花荆芥 *Nepeta coerulescens* Maxim.	较常见	较常见	偶见	
	糙苏属				
87	刺毛糙苏 *Phlomis setifera* Bur. et Franch.	偶见	偶见		
88	康定糙苏 *Phlomis tatsienensis* Bur. et Franch.	较常见	常见	较常见	
	鼠尾草属				
89	康定鼠尾草 *Salvia prattii* Hemsl.	较常见	常见	较常见	
90	粘毛鼠尾草 *Salvia roborowskii* Maxim.	较常见	较常见	偶见	
	（二十一）玄参科 Scrophulariaceae				
	肉果草属				

附表1(续)

序号	名称	沙地			
		轻度	中度	重度	极重度
91	肉果草 *Lancea tibetica* Hook. f. et Thoms.	较常见	较常见	偶见	
	马先蒿属				
92	扭盔马先蒿 *Pedicularis davidii* Franch.	较常见	较常见	偶见	
93	极丽马先蒿 *Pedicularis decorissima* Diels	较常见	较常见	偶见	
94	华丽马先蒿 *Pedicularis superba* Franch. ex Maxim.	较常见	较常见	偶见	
95	半扭卷马先蒿 *Pedicularis semitorta* Maxim.	偶见	偶见		
96	毛盔马先蒿 *Pedicularis trichoglossa* Hook. F.	偶见	偶见		
97	轮叶马先蒿 *Pedicularis verticillata* L.	较常见	较常见	偶见	
98	硕大马先蒿 *Pedicularis ingens* Maxim.	较常见	较常见	偶见	
99	绒舌马先蒿 *Pedicularis lachnoglossa* Hook. f.	较常见	较常见	偶见	
100	二歧马先蒿 *Pedicularis dichotoma* Bonsti..	较常见	偶见		
	（二十二）车前科 Plantaginaceae				
	车前属				
101	平车前 *Plantago depressa* Willd.	较常见	常见	较常见	偶见
	（二十三）川续断科 Dipsacaceae				
	刺续断属				
102	白花刺参 *Morina nepalensis* D. Don var. alba（Hand. -Mazz.）Y. C. Tang	常见	较常见	较常见	
103	圆萼刺参 *Morina chinensis*（Bat.）Diels	较常见	较常见	偶见	
	翼首花属				
104	匙叶翼首花 *Pterocephalus hookeri*（Clarke）Hoeck.	较常见	较常见	偶见	
	（二十四）桔梗科 Campanulaceae				
	沙参属				
105	长柱沙参 *Adenophora stenanthina*（Ledeb.）Kitagawa.	较常见	偶见		
106	高山沙参 *Adenophora himalayana* Feer subsp. entic（Nannf.）Hong	较常见	偶见		
	风铃草属				
107	钻裂风铃草 *Campanula aristata* Wall.	较常见	偶见		
	党参属				
108	脉花党参 *Codonopsis nervosa*（ent）Nannf.	较常见	较常见	偶见	
109	党参 *Codonopsis pilosula*（Franch）Nannf.	较常见	较常见	偶见	
	蓝钟花属				
110	细叶蓝钟花 *Gyananthus delavayi* Franch.	偶见	较常见	偶见	
	（二十五）菊科 Compositae				
	亚菊属				
111	柳叶亚菊 *Ajania salicifolia*（Mattf.）Poljak.	偶见	较常见	偶见	
112	细叶亚菊 *Ajania tenuifolia*（Jacq.）Tzvel.	较常见	常见	较常见	偶见

附表1(续)

序号	名称	沙地			
		轻度	中度	重度	极重度
	香青属				
113	黄腺香青 *Anaphalis aureopunctata* Lingelsh et Borza.	偶见	较常见	较常见	
114	旋叶香青 *Anaphalis contorta*（D. Don）Hook. F.	偶见	常见	较常见	
115	淡黄香青 *Anaphalis flacescens* Hand.	较常见	常见	较常见	
116	乳白香青 *Anaphalis enticu* Maxim	较常见	常见	较常见	偶见
117	红指香青 *Anaphalis rhododactyla* W. W. Smith.	较常见	常见	较常见	偶见
118	异色香青 *Anaphalis bicolor* Maxim.	较常见	常见	较常见	偶见
	蒿属				
119	沙蒿 *Artemisia desertorum* Spreng.	偶见	较常见	偶见	
120	矮蒿 *Artemisia lancea* Van in Bull.	偶见	较常见	较常见	
121	甘青蒿 *Artemisia tangutica* Pamp.	偶见	较常见	较常见	
	紫菀属				
122	高山紫菀 *Aster alpinus* L.	较常见	常见	常见	
123	重冠紫菀 *Aster diplostephioides*（DC.）C. B. Clarke	偶见	较常见	较常见	
124	缘毛紫菀 *Aster souliei* Franch.	较常见	常见	较常见	偶见
125	东俄洛紫菀 *Aster tongolensis* Franch.	偶见	较常见	较常见	
126	喜马拉雅紫菀 *Aster himalaicus* C. B. Clarke.	较常见	常见	较常见	偶见
127	短毛紫菀 *Aster brachytrichus* Franch.	偶见	较常见	偶见	
128	柔软紫菀 *Aster flaccidus* Bunge.	较常见	较常见	较常见	
129	滇藏紫菀 *Aster tsarungensis* Ling.	较常见	常见	较常见	
	垂头菊属				
130	戟叶垂头菊 *Cremanthodium potaninii* C. Winkl.	较常见	常见	较常见	
131	车前状垂头菊 *Cremanthodium plantgineum* Maxim.	较常见	常见	偶见	
132	戟叶垂头菊 *Cremanthodium potaninii* C. Winkl.	较常见	常见	偶见	
133	狭叶垂头菊 *Gremanthodium angustifolium* W. W. Smith.	较常见	常见	偶见	
	多榔菊属				
134	甘肃多榔菊 *Doronicum gansuense* Y. L. Chen	偶见	偶见		
135	多榔菊 *Doronicum stenoglossum* Maxim.	较常见	较常见	偶见	
	鼠曲草属				
136	细叶鼠麴草 *Gnaphalium japonicum* Thunb.	偶见	较常见	偶见	
	火绒草属				
137	香芸火绒草 *Leontopodium haplophylloides* Hood.	较常见	常见	较常见	
138	矮火绒草 *Leontopodium nanum*（Hook. f. et Thoms.）Hand.	较常见	常见	较常见	
139	钻叶火绒草 *Leontopodium subulatum*（Franch.）Beauv.	较常见	常见	较常见	
140	华火绒草 *Leontopodium sinense* Hemsl.	较常见	常见	较常见	
141	毛香火绒草 *Leontopodium strecheyi*（Hook. f.）C. B. Clarke.	较常见	常见	较常见	

附表1(续)

序号	名称	沙地			
		轻度	中度	重度	极重度
	风毛菊属				
142	草地风毛菊 *Saussurea amara* (L.) DC.	偶见	较常见	较常见	偶见
143	羽裂风毛菊 *Saussurea bodinieri* Levl.	较常见	常见	偶见	
	绢毛苣属				
144	金沙绢毛菊 *Soroseris gillii* (S. Moore) Stebb.	较常见	常见	较常见	
145	糖芥绢毛菊 *Soroseris hookerlana* (C. B. Clarke) Stebb.	较常见	较常见	偶见	
	蒲公英属				
146	川甘蒲公英 *Taraxacum lugubre* Dahlst	较常见	常见	较常见	
147	白花蒲公英 *Taraxacum leucanthum* (Ledeb.) Ledub.	较常见	常见	较常见	
148	蒲公英 *Taraxacum mongolicum* Hand. -Mazz.	较常见	常见	较常见	
149	川藏蒲公英 *Taraxacum maurecarpum* Dahlst.	较常见	常见	较常见	
	瓶头草属				
150	瓶头草 *Lagenophora billardieri* Cass.	较常见	偶见	偶见	
	菊蒿属				
151	川西小黄菊 *Pyrethrum tatsienense* (Bur. et Franch.) Ling.	偶见	较常见	偶见	
	蓟属				
152	刺儿菜 *Cirsium setosum* (Willd.) MB.	偶见	较常见	较常见	偶见
153	聚头蓟 *Cirsium souliei* (Franch.) Mattf.	偶见	常见	较常见	
	(二十六) 小檗科 Berberidaceae				
	小檗属				
154	鲜黄小檗 *Berberis diaphana* Maxim.	偶见	较常见		
155	刺红珠 *Berberis dictyophylla* Franch.	偶见	较常见		
	(二十七) 大戟科 Euphorbiaceae				
	大戟属				
156	乳浆大戟 *Euphorbia esula* L.	较常见	常见	偶见	
	单子叶植物纲 Monocotyledoneae				
	(一) 禾本科 Gramineae				
	燕麦属				
157	野燕麦 *Avena fatua* L.	较常见	常见	较常见	偶见
158	燕麦 *Avena sativa* L.	较常见	常见	较常见	偶见
	羊茅属				
159	羊茅 *Festuca ovina* L.	较常见	较常见	较常见	
	赖草属				
160	赖草 *Leymus secalinus* (Georgi) Tzvel.				
	冰草属				
161	冰草 *Agropyron cristatum* (Linn.) Gaertn.				

附表1（续）

序号	名称	沙地			
		轻度	中度	重度	极重度
	野青茅属属				
162	疏穗野青茅 *Deyeuxia effusiflora* Rendle	较常见	偶见	偶见	
163	糙野青茅 *Deyeuxia Scabrescens*（Griseb.）Munroex Duthie	较常见	较常见	较常见	
	披碱草属				
164	披碱草 *Elymus dahuxlcus* Turcs.	较常见	常见	较常见	偶见
165	垂穗披碱草 *Elymus nutans* Griseb.	较常见	常见	较常见	偶见
166	老芒麦 *Elymus sibiricus* L.	偶见	较常见	较常见	偶见
	仲彬草属				
167	硬秆仲彬草 *Kengyilia rigidula*（Keng）J. L. Yang，Yen et Baum	较常见	较常见	偶见	偶见
	早熟禾属				
168	高原早熟禾 *Poa alpigena*（Blytt）Lindm.	常见	较常见	偶见	
	（二）莎草科 Cyperaceae				
	薹草属				
169	四川薹草 *Carex sutchuensis* Franch.	常见	较常见	偶见	
	嵩草属				
170	线叶嵩草 *Kobresia capillifolLia*（Decne.）C. B. Clarke.	较常见	较常见	偶见	
171	高山嵩草 *Kobresia pygmaea* C. B. Clarke.	常见	常见	较常见	
172	四川嵩草 *Kobresia setchwanensis* Hand.	常见	常见	较常见	
173	喜马拉雅嵩草 *Kobresia royleana*（Nees.）Bocklr.	常见	较常见	偶见	
	藨草属				
174	细杆藨草 *Scirpus setaceus* L.	较常见	较常见	偶见	
	（三）百合科 Liliaceae				
	葱属				
175	蓝苞葱 *Allium atrosanguineum* Schrenr.	较常见	较常见	偶见	
176	大花韭 *Allium macranthum* Baker	较常见	偶见		
	黄精属				
177	卷叶黄精 *Polygonatum cirrhifolium*（Wall.）Royle.	较常见	较常见		

附表 2

川西北高原沙区立地类型表

立地区		立地类型组		立地类型		立地特征
名称	编号	名称	编号	名称	编号	
石渠色达丘状高原沙化立地区	Ⅰ	丘状高原高山草甸土组	Ⅰ-01	高原丘陵上（顶）部轻度高山草甸土型	Ⅰ-01-01	土层厚 30~40 厘米，坡度 0~25°；质地砂壤或轻壤土，粉粒状或碎屑状结构；腐殖质积聚层 5~10 厘米，0~40 厘米土层砾石含量 5%~20%
				高原丘陵中部轻度、中度高山草甸土型	Ⅰ-01-02	土层厚 30~50 厘米，坡度 10~25°；质地砂壤或轻壤土，粉粒状或粒块状结构；腐殖质积聚层 5~10 厘米，0~40 厘米土层砾石含量 5%~10%
				高原丘陵下（谷）部轻度、中度高山草甸土型	Ⅰ-01-03	土层厚 50~80 厘米，坡度 0~10°；质地砂壤至中壤土，粉粒状或碎屑状结构；腐殖质积聚层 10~15 厘米，0~40 厘米土层砾石含量 5%左右
				高原丘陵宽谷轻度、中度高山草甸土型	Ⅰ-02-04	土层厚 90~120 厘米；质地砂壤及轻壤土，粉粒状或碎屑状结构；腐殖质积聚层 10~15 厘米，0~40 厘米土层砾石含量 5%~15%
		状高原沼泽土组	Ⅰ-02	高原丘陵宽谷轻度、中度草甸沼泽土型	Ⅰ-02-01	土层厚 90~150 厘米；质地轻粘土，粒块状或团粒状结构；腐殖质深厚
		状高原冲积土组	Ⅰ-03	高原丘陵宽谷轻度、中度冲积土型	Ⅰ-03-01	土层厚 90~120 厘米；质地砂壤或轻壤土，粉粒状或碎屑状结构；0~40 厘米土层砾石含量 5%~15%
若尔盖红原平坦高原沙化立地区	Ⅱ	平坦高原风沙土组	Ⅱ-01	高原丘陵上（顶）部极重度风沙土型	Ⅱ-01-01	全系沙土组成，土层厚 100 厘米以上；坡度 0~30°；质地砂壤，粉粒状结构
				高原丘陵中、下部极重度风沙土型	Ⅱ-01-02	沙土层厚 100 厘米以下；坡度 0~15°；质地砂壤，粉粒状结构
		平坦高原亚高山草甸土组	Ⅱ-02	高原丘陵中、上（顶）部中度、重度亚高山草甸土型	Ⅱ-02-01	土层厚 30~50 厘米，坡度 0~25°；质地砂壤或轻壤土，粉粒状或碎屑状结构；腐殖质积聚层 5~10 厘米，0~40 厘米土层砾石含量 5%~20%
				高原丘陵下（谷）部轻度、中度亚高山草甸土型	Ⅱ-02-02	土层厚大于 50 厘米，坡度 0~10°；质地砂壤或轻壤土，粉粒状或碎屑状结构；腐殖质积聚层大于 10 厘米，0~40 厘米土层砾石含量小于 10%
				高原丘陵宽谷轻度、中度亚高山草甸土型	Ⅱ-02-03	土层厚 60~150 厘米；质地砂壤或轻壤土或中壤土，粉粒状或粒块状结构；腐殖质积聚层大于 10 厘米
				高原丘陵宽谷重度、极重度亚高山草甸土型	Ⅱ-02-04	土层厚 60~150 厘米；质地砂壤，粉粒状结构；无明显腐殖质积聚层

附表2（续）

立地区		立地类型组		立地类型		立地特征
名称	编号	名称	编号	名称	编号	
若尔盖红原平坦高原沙化立地区	Ⅱ	平坦高原沼泽土组	Ⅱ-03	高原丘陵宽谷轻度、中度沼泽土型	Ⅱ-03-01	土层厚 90~150 厘米；质地轻粘土，粒块状或团粒状结构；腐殖质深厚
		平坦高原冲积土组	Ⅱ-04	高原丘陵宽谷轻度、中度冲积土型	Ⅱ-04-01	土层厚 100 厘米以上；质地砂壤或轻壤土，粉粒状或碎屑状结构
理塘巴塘高山山原沙化立地区	Ⅲ	高山山原高山草甸土组	Ⅲ-01	高原丘陵中、上（顶）部轻度、中度高山草甸土型	Ⅲ-01-01	土层厚 40~60 厘米，坡度 0~25°；质地砂壤或轻壤土，粉粒状或碎屑状结构；腐殖质积聚层 5~15 厘米，0~40 厘米土层砾石含量 5%~20%
				高原丘陵中、上（顶）部重度、极重度高山草甸土型	Ⅲ-01-02	土层厚 40~60 厘米，坡度 0~25°；质地砂壤，粉粒状或碎屑状结构；腐殖质积聚层 0~5 厘米，0~40 厘米土层砾石含量 20%~50%
				高原丘陵下（谷）部轻度、中度高山草甸土型	Ⅲ-01-03	土层厚度大于 60 厘米，坡度 0~5°；质地砂壤至中壤土，粉粒状或碎屑状结构；腐殖质积聚层 10~15 厘米，0~40 厘米土层砾石含量 5%左右
				高原丘陵下（谷）部重度、极重度高山草甸土型	Ⅲ-01-04	土层厚度大于 60 厘米，坡度 0~5°；质地砂质，粉粒状结构；无腐殖质积聚层，0~40 厘米土层砾石含量 2%左右
				高原丘陵宽谷轻度高山草甸土型	Ⅲ-01-05	土层厚度大于 100 厘米；质地砂壤及轻壤土，粉粒状或碎屑状结构；腐殖质积聚层 15~25 厘米，0~40 厘米土层砾石含量 5%~20%
		高山山原亚高山草甸土组	Ⅲ-02	高原丘陵中、上（顶）轻度、中度亚高山草甸土型	Ⅲ-02-01	土层厚 30~60 厘米，坡度 0~30°；质地砂壤或轻壤土，粉粒状或碎屑状结构；腐殖质积聚层 5~10 厘米，0~40 厘米土层砾石含量 5%~20%
				高原丘陵下（谷）部轻度、中度亚高山草甸土型	Ⅲ-02-02	土层厚大于 60 厘米，坡度 0~10°；质地砂壤至中壤土，粉粒状或碎屑状结构；腐殖质积聚层大于 10 厘米，0~40 厘米土层砾石含量小于 10%
				高原丘陵宽谷轻度亚高山草甸土型	Ⅲ-02-03	土层厚度大于 120 厘米；质地砂壤至中壤土，粉粒状或碎屑状结构；腐殖质积聚层大于 20 厘米，0~40 厘米土层砾石含量小于 10%
		高山山原沼泽土组	Ⅲ-03	高原丘陵宽谷轻度沼泽土型	Ⅲ-03-01	土层厚大于 100 厘米；质地轻粘土，粒块状或团粒状结构；腐殖质深厚
		高山山原冲积土组	Ⅲ-04	高原丘陵宽谷轻度、中度冲积土型	Ⅲ-04-01	土层厚 100 厘米以上；质地砂壤或轻壤土，粉粒状或碎屑状结构

附表 3 **造林种草模型典型设计（一）**

模型		名称	康定杨(1)	康定杨(2)	康定杨+牧草(1)	康定杨+牧草(2)
		代号	1	2	3	4
适宜立地类型代号			Ⅰ-03-01;Ⅱ-04-01;Ⅲ-04-01	Ⅰ-03-01;Ⅱ-04-01;Ⅲ-04-01	Ⅰ-03-01;Ⅱ-04-01;Ⅲ-04-01	Ⅰ-03-01;Ⅱ-04-01;Ⅲ-04-01
适宜沙化程度			轻度、中度	轻度、中度	轻度、中度	轻度、中度
(1)沙障		类型				
		规格				
(2)造林	树种	名称	康定杨	康定杨	康定杨	康定杨
		苗木种类	扦插苗	插条	扦插苗	插条
		苗龄(年)	2	2	2	2
		苗木地径	>1.00 厘米	插条直径 2~3 厘米	>1.00 厘米	插条直径 2~3 厘米
		苗木高	>100 厘米	插条高80~100厘米	>100 厘米	插条高 80~100 厘米
		备用树种	光果西南杨、高山柳、沙棘	光果西南杨、高山柳、沙棘	光果西南杨、高山柳、沙棘	光果西南杨、高山柳、沙棘
	整地	整地方式	穴状	穴状	穴状	穴状
		整地规格	50 厘米×50 厘米×50 厘米	50 厘米×50 厘米×50 厘米	50 厘米×50 厘米×50 厘米	50 厘米×50 厘米×50 厘米
		整地时间	造林前 1 个月	造林前 1 个月	造林前 1 个月	造林前 1 个月
	栽植	方式	植苗	插条	植苗	插条
		株行距	3 米×3 米	3 米×3 米	3 米×3 米	3 米×3 米
		密度(株/公顷)	1111	1111	1111	1111
		时间	4 月中旬~5 月	4 月中旬~5 月	4 月中旬~5 月	4 月中旬~5 月
	施肥	种类	有机肥	有机肥	腐熟的牛羊粪	腐熟的牛羊粪
		施肥方式	穴施	穴施	穴施	穴施
		用量(千克/穴)	2~4	2~4	2~4	2~4
(3)种草	草种	多年生草种名称			披碱草、老芒麦、硬秆仲彬草	披碱草、老芒麦、硬秆仲彬草
		一年生草种名称			黑麦草、燕麦	黑麦草、燕麦
		草种等级			国家Ⅱ级(含)以上	国家Ⅱ级(含)以上
		草种种类配比			多年生草种与一年生草种按 7:3 或 8:2 比例混播	多年生草种与一年生草种按 7:3 或 8:2 比例混播
	清理整地	方式			浅耙	浅耙
		时间			4~5 月	4~5 月
	播种	方式			撒播或条播	撒播或条播
		播种量(千克/公顷)			30~50	20~30
		时间			4~5 月	4~5 月
	施肥	种类			腐熟的牛羊粪	腐熟的牛羊粪
		用量(吨/公顷)			5~15	5~15
		时间			4~5 月	4~5 月
(4)鼠害防治	招鹰架					
	生物药剂					
(5)围栏封育			全封	全封	全封	全封
(6)抚育管护			5 年	5 年	5 年	5 年

备注：

附表 3 **造林种草模型典型设计(二)**

模型		名称	云杉	云杉+牧草
		代号	5	6
适宜立地类型代号			Ⅱ-02-02;Ⅱ-02-03;Ⅲ-02-03	Ⅱ-02-02;Ⅱ-02-03;Ⅲ-02-04
适宜沙化程度			轻度	轻度、中度
(1)造林	树种	名称	云杉	云杉
		苗木种类	播种苗	播种苗
		苗龄(年)	2~3	2~3
		苗木地径	≥0.3 厘米	≥0.3 厘米
		苗木高	≥16 厘米	≥16 厘米
		备用树种	高山柳	高山柳
	整地	整地方式	穴状	穴状
		整地规格	40 厘米×40 厘米×40 厘米	40 厘米×40 厘米×40 厘米
		整地时间	造林前 1 个月	造林前 1 个月
	栽植	方式		
		株行距	2 米×2 米	2 米×4 米
		密度(株/公顷)	2500	2500
		时间	4 月中旬~5 月	4 月中旬~5 月
	施肥	种类	腐熟的牛羊粪	腐熟的牛羊粪
		施肥方式	穴施	穴施
		用量(千克/穴)	1~2	1~2
(2)种草	草种	多年生草种名称		披碱草、老芒麦、硬秆仲彬草
		一年生草种名称		黑麦草、燕麦
		草种等级		国家Ⅱ级(含)以上
		草种种类配比		多年生草种与一年生草种按 7∶3 或 8∶2 比例进行混播
	清理整地	方式		浅耙
		时间		4~5 月
	播种	方式		撒播或条播
		播种量(千克/公顷)		20~30
		时间		4~5 月
	施肥	种类		腐熟的牛羊粪
		用量(吨/公顷)		5~15
		时间		4~5 月
(3)围栏封育			全封	全封
(4)抚育管护			5 年	5 年
备注:			有条件的地区优先选用容器苗	有条件的地区优先选用容器苗

附表3 **造林种草模型典型设计(三)**

模型		名称	高山柳(1)	高山柳(2)	高山柳+牧草(1)	高山柳+牧草(2)
		代号	7	8	9	10
适宜立地类型代号			Ⅰ-03-01;Ⅱ-02-01;Ⅱ-02-02;Ⅱ-02-03;Ⅱ-04-01;Ⅲ-01-01;Ⅲ-01-03;Ⅲ-02-01;Ⅲ-02-02;Ⅲ-02-03;Ⅲ-04-01	Ⅱ-01-01;Ⅱ-02-04;Ⅲ-01-02;Ⅲ-02-02	Ⅰ-03-01;Ⅱ-01-03;Ⅱ-02-02;Ⅱ-02-03;Ⅱ-04-01;Ⅲ-01-01;Ⅲ-01-03;Ⅲ-02-01;Ⅲ-02-02;Ⅲ-02-03;Ⅲ-04-01	Ⅱ-01-01;Ⅱ-02-04;Ⅲ-01-02;Ⅲ-01-04
适宜沙化程度			中度、重度	极重度	轻度、中度、重度	极重度
(1)沙障设置		类型		柳笆沙障		柳笆沙障
		规格		2米×2米		2米×2米
(2)造林	树种	名称	高山柳	高山柳	高山柳	高山柳
		苗木种类	扦插苗	扦插苗	扦插苗	扦插苗
		苗龄	2年生	2年生	2年生	2年生
		苗木地径	≥0.6厘米	≥0.6厘米	≥0.6厘米	≥0.6厘米
		苗木高	≥90厘米	≥90厘米	≥90厘米	≥90厘米
		备用树种	高山柳插条、沙棘、锦鸡儿、小檗	高山柳插条、沙棘、锦鸡儿、小檗	高山柳插条、沙棘、锦鸡儿、小檗	高山柳插条、沙棘、锦鸡儿、小檗
	整地	整地方式	穴状	穴状	穴状	穴状
		整地规格	40厘米×40厘米×40厘米	40厘米×40厘米×40厘米	40厘米×40厘米×40厘米	40厘米×40厘米×40厘米
		4月中旬~5月	4月中旬~5月	4月中旬~5月	4月中旬~5月	
	栽植	方式	植苗	植苗	植苗	植苗
		株行距	2米×2米	2米×2米	2米×2米	2米×2米
		密度(株/公顷)	2500	2500	2500	2500
		配置方式	品字形	矩形	品字形	矩形
		时间	4月中旬~5月	4月中旬~5月	4月中旬~5月	4月中旬~5月
	施肥	种类	有机肥	有机肥	有机肥	有机肥
		施肥方式	穴施	穴施	穴施	穴施
		用量(千克/穴)	2~4	2~4	2~4	2~4
(3)种草	草种	多年生草种名称			披碱草、老芒麦、硬秆仲彬草	披碱草、老芒麦、硬秆仲彬草
		一年生草种名称			黑麦草、燕麦	黑麦草、燕麦
		草种等级			国家Ⅱ级(含)以上	国家Ⅱ级(含)以上
		草种种类配比			多年生草种与一年生草种按7:3或8:2比例混播	多年生草种与一年生草种按7:3或8:2比例混播
	清理整地	方式			浅耙	浅耙
		时间			4~5月	4~5月
	播种	方式			撒播或条播	撒播或条播
		播种量(千克/公顷)			30~50	30~50
		时间			4~5月	4~5月
	施肥	种类			腐熟的牛羊粪	腐熟的牛羊粪
		用量(吨/公顷)			5~15	5~15
		时间			4~5月	4~5月
(4)围栏封育			全封	全封	全封	全封
(5)抚育管护			5年	5年	5年	5年
备注:			有条件的地区优先选用容器苗	有条件的地区优先选用容器苗	有条件的地区优先选用容器苗	有条件的地区优先选用容器苗

附表 3

造林种草模型典型设计(四)

模型			名称	高山柳丛植	高山柳林带	高山柳林带+牧草
			代号	11	12	13
适宜立地类型代号				Ⅰ-03-01;Ⅱ-02-01;Ⅱ-02-02;Ⅱ-02-03;Ⅱ-04-01;Ⅲ-01-01;Ⅲ-01-03;Ⅲ-02-01;Ⅲ-02-02;Ⅲ-02-03;Ⅲ-04-01	Ⅱ-01-01;Ⅱ-02-04;Ⅲ-01-02;Ⅲ-01-04	Ⅱ-01-01;Ⅱ-02-04;Ⅲ-01-02;Ⅲ-01-04
适宜沙化程度				中度、重度	重度、极重度	重度、极重度
(1)沙障设置			类型			
			规格			
(2)造林	树种		名称	高山柳	高山柳	高山柳
			苗木种类	扦插苗	扦插苗	扦插苗
			苗龄	2 年生	2 年生	2 年生
			苗木地径	≥0.6 厘米	≥0.6 厘米	≥0.6 厘米
			苗木高	≥90 厘米	≥90 厘米	≥90 厘米
			备用树种	高山柳插条、沙棘、锦鸡儿、小檗	高山柳插条、沙棘、锦鸡儿、小檗	高山柳插条、沙棘、锦鸡儿、小檗
	整地		整地方式	穴状	穴状	穴状
			整地规格	50 厘米×50 厘米×50 厘米	30 厘米×30 厘米×30 厘米	30 厘米×30 厘米×30 厘米
			整地时间	4 月中旬~5 月	4 月中旬~5 月	4 月中旬~5 月
	栽植		方式	植苗	植苗	植苗
			株行距	2 米×2 米	0.5米×1米,每条林带3~5行	0.5 米×1 米,每条林带 3~5 行
			密度(株/公顷)	7500~10 000(每穴 3~4 株)	20 000	20 000
			配置方式	品字形	品字形	品字形
			时间	4 月中旬~5 月	4 月中旬~5 月	4 月中旬~5 月
	施肥		种类	腐熟的牛羊粪	腐熟的牛羊粪	腐熟的牛羊粪
			施肥方式	穴施	穴施	穴施
			用量(千克/穴)	2~4	1~2	1~2
(3)种草	草种		多年生草种名称			披碱草、老芒麦、硬秆仲彬草
			一年生草种名称			黑麦草、燕麦
			草种等级			国家Ⅱ级(含)以上
			草种种类配比			多年生草种与一年生草种按 7∶3 或 8∶2 比例进行混播
	清理整地		方式			浅耙
			时间			4~5 月
	播种		方式			撒播或条播
			播种量(千克/公顷)			30~50
			时间			4~5 月
	施肥		种类			腐熟的牛羊粪
			用量(吨/公顷)			5~15
			时间			4~5 月
(4)围栏封育				全封	全封	全封
(5)抚育管护				5 年	5 年	5 年
备注:				株行距供参考,可依据实际,灵活调整	林带与林带之间隔 20~40 米,可呈平行带状或网格状	林带与林带之间隔 20~40 米,可呈平行带状或网格状

附表 3

造林种草模型典型设计(五)

模型		名称	西藏沙棘(1)	西藏沙棘(2)	西藏沙棘+牧草(1)	西藏沙棘+牧草(2)
		代号	14	15	16	17
适宜立地类型代号			Ⅰ-03-01;Ⅱ-02-01;Ⅱ-02-02;Ⅱ-02-03;Ⅱ-04-01;Ⅲ-01-01;Ⅲ-01-03;Ⅲ-02-01;Ⅲ-02-02;Ⅲ-03-01;Ⅲ-04-01	Ⅱ-01-01;Ⅱ-02-04;Ⅲ-01-02;Ⅲ-01-04	Ⅰ-03-01;Ⅱ-02-01;Ⅱ-02-02;Ⅱ-02-03;Ⅱ-04-01;Ⅲ-01-01;Ⅲ-01-03;Ⅲ-02-01;Ⅲ-02-02;Ⅲ-02-03;Ⅲ-04-01	Ⅱ-01-01;Ⅱ-02-04;Ⅲ-01-02;Ⅲ-01-04
适宜沙化程度			中度、重度	极重度	中度、重度	极重度
(1)沙障设置		类型		柳笆沙障		柳笆沙障
		规格		2 米×2 米		2 米×2 米
(2)造林	树种	名称	西藏沙棘	西藏沙棘	西藏沙棘	西藏沙棘
		苗木种类	实生苗	实生苗	实生苗	实生苗
		苗龄(年)	2~0	2~0	2~0	2~0
		苗木地径	≥0.45 厘米	≥0.45 厘米	≥0.45 厘米	≥0.45 厘米
		苗木高	≥24 厘米	≥24 厘米	≥24 厘米	≥24 厘米
		备用树种	高山柳、茶藨子、小檗	高山柳、茶藨子、小檗	高山柳、茶藨子、小檗	高山柳、茶藨子、小檗
	整地	整地方式	穴状	穴状	穴状	穴状
		整地规格	40 厘米×40 厘米×40 厘米	40 厘米×40 厘米×40 厘米	40 厘米×40 厘米×40 厘米	40 厘米×40 厘米×40 厘米
		整地时间	4 月中旬~5 月	4 月中旬~5 月	4 月中旬~5 月	4 月中旬~5 月
	栽植	方式	植苗	植苗	植苗	植苗
		株行距	2 米×2 米	2 米×2 米	2 米×2 米	2 米×2 米
		密度(株/公顷)	2500	2500	2500	2500
		配置方式	品字形	矩形	品字形	矩形
		时间	4 月中旬~5 月	4 月中旬~5 月	4 月中旬~5 月	4 月中旬~5 月
	施肥	种类	有机肥	有机肥	有机肥	有机肥
		施肥方式	穴施	穴施	穴施	穴施
		用量(千克/穴)	2~4	2~4	2~4	2~4
(3)种草	草种	多年生草种名称			披碱草、老芒麦、硬秆仲彬草	披碱草、老芒麦、硬秆仲彬草
		一年生草种名称			黑麦草、燕麦	黑麦草、燕麦
		草种等级			国家Ⅱ级(含)以上	国家Ⅱ级(含)以上
		草种种类配比			多年生草种与一年生草种按 7:3 或 8:2 比例进行混播	多年生草种与一年生草种按 7:3 或 8:2 比例进行混播
	清理整地	方式			浅耙	浅耙
		时间			4~5 月	4~5 月
	播种	方式			撒播或条播	撒播或条播
		播种量(千克/公顷)			30~50	30~50
		时间			4~5 月	4~5 月
	施肥	种类			腐熟的牛羊粪	腐熟的牛羊粪
		用量(吨/公顷)			5~15	5~15
		时间			4~5 月	4~5 月
(4)围栏封育			全封	全封	全封	全封
(5)抚育管护			5 年	5 年	5 年	5 年
备注:			有条件的地区优先选用容器苗	有条件的地区优先选用容器苗	有条件的地区优先选用容器苗	有条件的地区优先选用容器苗

附表 3 造林种草模型典型设计（六）

模型		名称	西藏沙棘（3）	西藏沙棘丛植	西藏沙棘丛植+牧草
		代号	18	19	20
适宜立地类型代号			Ⅰ-01-03；Ⅰ-01-04；Ⅰ-03-01；Ⅱ-02-02；Ⅱ-02-03；Ⅱ-04-01；Ⅲ-01-01；Ⅲ-01-03；Ⅲ-02-02；Ⅲ-01-05；Ⅲ-02-03；Ⅲ-04-01	Ⅱ-01-01；Ⅱ-02-04；Ⅲ-01-02；Ⅲ-01-04	Ⅱ-01-01；Ⅱ-02-04；Ⅲ-01-02；Ⅲ-01-04
适宜沙化程度			轻度、中度	重度、极重度	重度、极重度
（1）造林	树种	名称	西藏沙棘	西藏沙棘	西藏沙棘
		苗木种类	种子	实生苗	实生苗
		苗龄		2—0	2—0
		苗木地径		≥0.45 厘米	≥0.45 厘米
		苗木高		≥24 厘米	≥24 厘米
		备用树种	茶藨子种子、锦鸡儿种子、白刺花种子	高山柳、茶藨子、小檗	高山柳、茶藨子、小檗
	整地	整地方式	鱼鳞坑	穴状	穴状
		整地规格	长 30 厘米，宽 20 厘米，深 20 厘米	50 厘米×50 厘米×50 厘米	50 厘米×50 厘米×50 厘米
		整地时间		4 月中旬~5 月	4 月中旬~5 月
	栽植	方式	人工点播	植苗	植苗
		株行距	1 米×1 米	2 米×2 米	2 米×2 米
		密度（株/公顷）	10~15 千克/公顷	7 500~10 000（每穴 3~4 株）	7 500~10 000（每穴 3~4 株）
		配置方式	品字形	品字形	品字形
		时间	4 月中旬~5 月	4 月中旬~5 月	4 月中旬~5 月
	施肥	种类	有机肥	腐熟的牛羊粪	腐熟的牛羊粪
		施肥方式	穴施	穴施	穴施
		用量（千克/穴）	0.1~0.5	2~4	2~4
（2）种草	草种	多年生草种名称			披碱草、老芒麦、硬秆仲彬草
		一年生草种名称			黑麦草、燕麦
		草种等级			国家Ⅱ级（含）以上
		草种种类配比			多年生草种与一年生草种按 7∶3 或 8∶2 比例进行混播
	清理整地	方式			浅耙
		时间			4~5 月
	播种	方式			撒播或条播
		播种量（千克/公顷）			30~50
		时间			4~5 月
	施肥	种类			腐熟的牛羊粪
		用量（吨/公顷）			5~15
		时间			4~5 月
（3）围栏封育			全封	全封	全封
（4）抚育管护			5 年	5 年	5 年
备注：			人工点播主要应用人工植苗不便的地区，种子需催芽处理	株行距供参考，可依据实际，灵活调整	株行距供参考，可依据实际，灵活调整

附表 3　　造林种草模型典型设计(七)

<table>
<tr><td colspan="2" rowspan="2">模型</td><td>名称</td><td>草(1)</td><td>草(2)</td><td>草(3)</td><td>草(4)</td></tr>
<tr><td>代号</td><td>21</td><td>22</td><td>23</td><td>24</td></tr>
<tr><td colspan="3">适宜立地类型代号</td><td>Ⅰ-01-01;Ⅰ-01-02;Ⅰ-01-03;Ⅰ-01-04;Ⅰ-02-01;Ⅰ-03-01;Ⅱ-02-02;Ⅱ-02-03;Ⅱ-03-01;Ⅱ-04-01;Ⅲ-01-01;Ⅲ-01-03;Ⅲ-02-01;Ⅲ-02-02;Ⅲ-01-05;Ⅲ-02-03;Ⅲ-03-01;Ⅲ-04-01</td><td>Ⅰ-01-02;Ⅰ-01-03;Ⅰ-01-04;Ⅰ-02-01;Ⅰ-03-01;Ⅱ-02-02;Ⅱ-02-03;Ⅱ-03-01;Ⅱ-04-01;Ⅲ-01-01;Ⅲ-01-03;Ⅲ-02-01;Ⅲ-02-02;Ⅲ-03-01</td><td>Ⅱ-01-01;Ⅱ-02-04;Ⅲ-01-02;Ⅲ-01-04</td><td>Ⅰ-01-03;Ⅰ-01-04;Ⅰ-02-01;Ⅰ-03-01;Ⅱ-01-01;Ⅱ-02-04;Ⅲ-01-02;Ⅲ-01-04</td></tr>
<tr><td colspan="3">适宜沙化程度</td><td>轻度</td><td>中度</td><td>重度、极重度</td><td>中度、重度</td></tr>
<tr><td colspan="2" rowspan="2">(1)沙障设置</td><td>类型</td><td></td><td></td><td>柳笆沙障</td><td>竹帘沙障</td></tr>
<tr><td>规格</td><td></td><td></td><td>2 米×2 米</td><td>2 米×2 米</td></tr>
<tr><td rowspan="12">(2)造林</td><td rowspan="4">草种</td><td>多年生草种名称</td><td>披碱草、老芒麦、硬秆仲彬草、早熟禾、沙打旺</td><td>披碱草、老芒麦、硬秆仲彬草、早熟禾、沙打旺</td><td>披碱草、老芒麦、硬秆仲彬草、早熟禾、沙打旺</td><td>披碱草、老芒麦、硬秆仲彬草、早熟禾、沙打旺</td></tr>
<tr><td>一年生草种名称</td><td>黑麦草、燕麦</td><td>黑麦草、燕麦</td><td>黑麦草、燕麦</td><td>黑麦草、燕麦</td></tr>
<tr><td>草种等级</td><td>国家Ⅱ级(含)以上</td><td>国家Ⅱ级(含)以上</td><td>国家Ⅱ级(含)以上</td><td>国家Ⅱ级(含)以上</td></tr>
<tr><td>草种种类配比</td><td>多年生草种与一年生草种按 7∶3 或 8∶2 比例进行混播</td><td>多年生草种与一年生草种按 7∶3 或 8∶2 比例进行混播</td><td>多年生草种与一年生草种按 7∶3 或 8∶2 比例进行混播</td><td>多年生草种与一年生草种按 7∶3 或 8∶2 比例进行混播</td></tr>
<tr><td rowspan="2">清理整地</td><td>方式</td><td>浅耙</td><td>浅耙</td><td>浅耙</td><td>浅耙</td></tr>
<tr><td>时间</td><td>4~5 月</td><td>4~5 月</td><td>4~5 月</td><td>4~5 月</td></tr>
<tr><td rowspan="3">播种</td><td>方式</td><td>撒播或条播</td><td>撒播或条播</td><td>撒播</td><td>撒播</td></tr>
<tr><td>播种量(千克/公顷)</td><td>30~45</td><td>45~60</td><td>60~75</td><td>45~60</td></tr>
<tr><td>时间</td><td>4~5 月</td><td>4~5 月</td><td>4~5 月</td><td>4~5 月</td></tr>
<tr><td rowspan="3">施肥</td><td>种类</td><td>有机肥</td><td>有机肥</td><td>有机肥</td><td>有机肥</td></tr>
<tr><td>用量(吨/公顷)</td><td>5~30</td><td>5~30</td><td>45~75</td><td>45~60</td></tr>
<tr><td>时间</td><td>4~5 月</td><td>4~5 月</td><td>4~5 月</td><td>4~5 月</td></tr>
<tr><td rowspan="3">(3)鼠害防治</td><td>招鹰架</td><td></td><td>有条件的地区可设置</td><td>有条件的地区可设置</td><td></td><td></td></tr>
<tr><td rowspan="2">生物药剂</td><td>种类</td><td>C 型或 D 型肉毒素</td><td></td><td></td><td></td></tr>
<tr><td>时间</td><td>2~4 月</td><td>2~4 月</td><td></td><td></td></tr>
<tr><td colspan="2">(4)围栏封育</td><td></td><td>全封或半封</td><td>全封或半封</td><td>全封</td><td>全封</td></tr>
<tr><td colspan="2">(5)抚育管护</td><td></td><td>5 年</td><td>5 年</td><td>5 年</td><td>5 年</td></tr>
<tr><td colspan="2">备注:</td><td></td><td>有条件的地区可尽可能考虑灭鼠措施</td><td></td><td></td><td></td></tr>
</table>

典型设计号：01

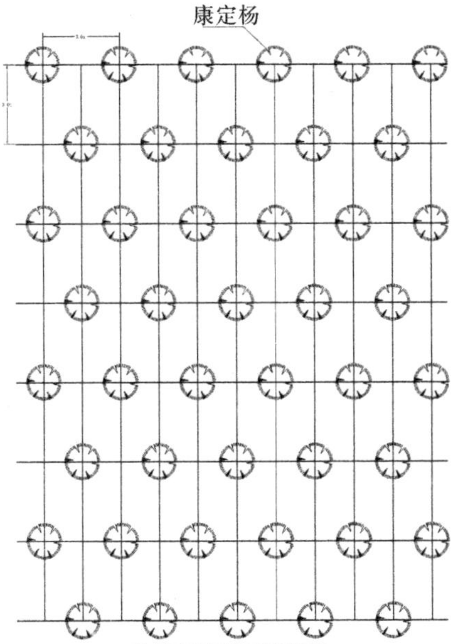

种植配置平面示意图

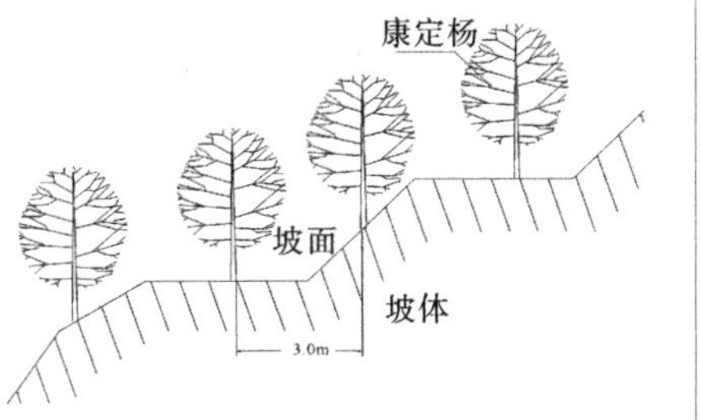

种植配置立面示意图

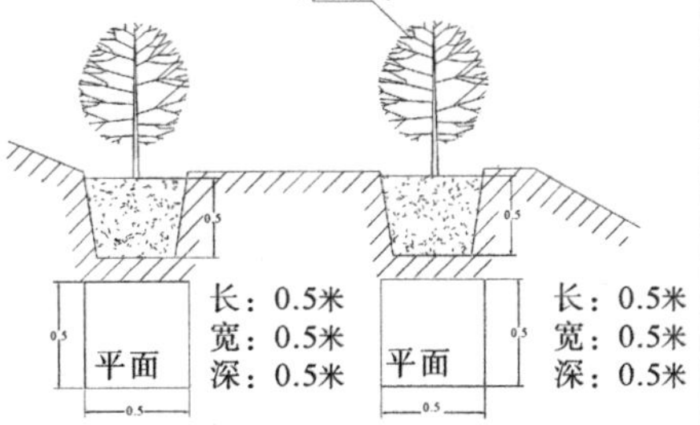

种植配置整地样式图

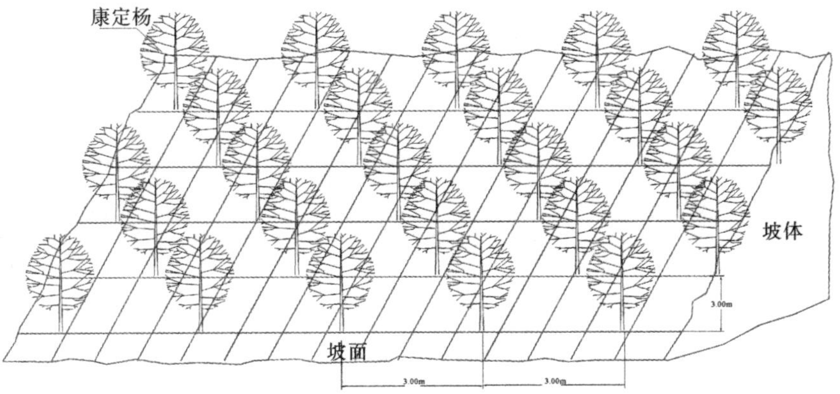

种植配置透视示意图

配置模式说明：

1. 株行距：康定杨3.0米×3.0米
2. 栽植密度：康定杨1 111株/公顷
3. 配置方式：品字形配置

康定杨纯林模型配置模式图

典型设计号：02

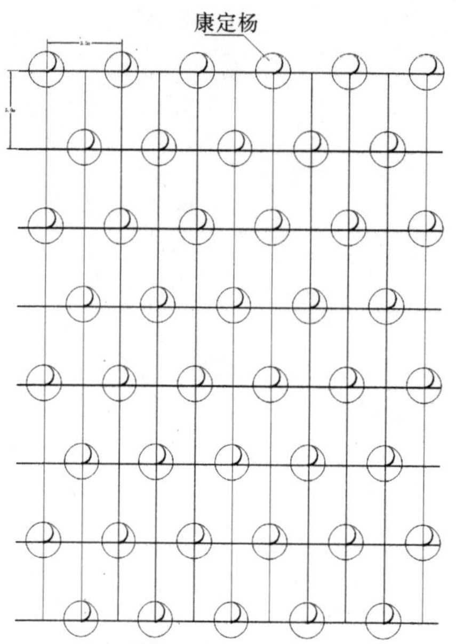

种植配置平面示意图

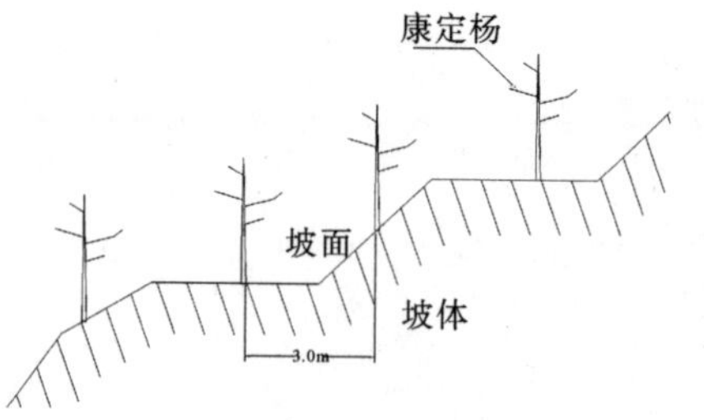

种植配置立面示意图

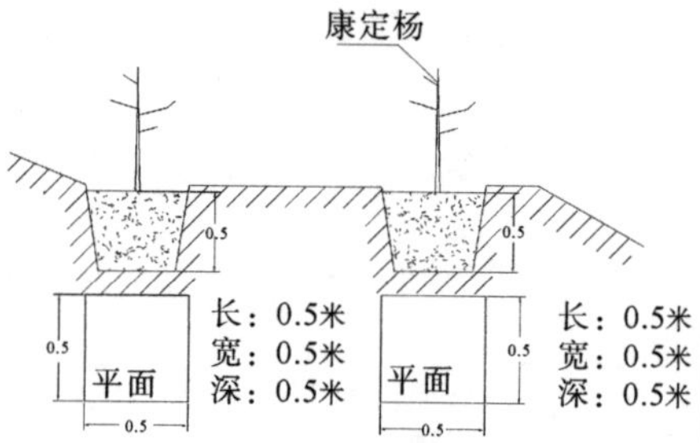

种植配置整地样式图

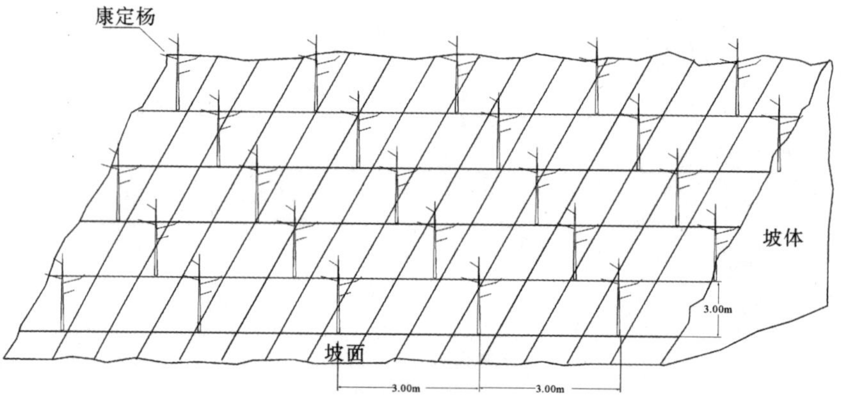

种植配置透视示意图

配置模式说明：

1. 株行距：康定杨3.0米×3.0米
2. 栽植密度：康定杨1 111株/公顷
3. 配置方式：品字形配置

康定杨纯林模型配置模式图

典型设计号：03

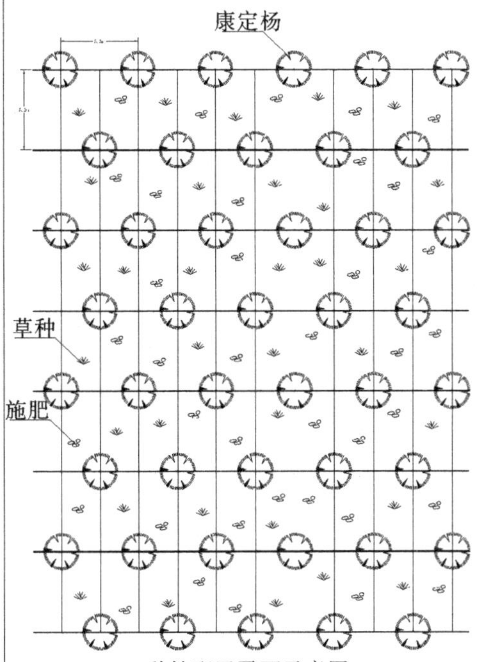

种植配置平面示意图

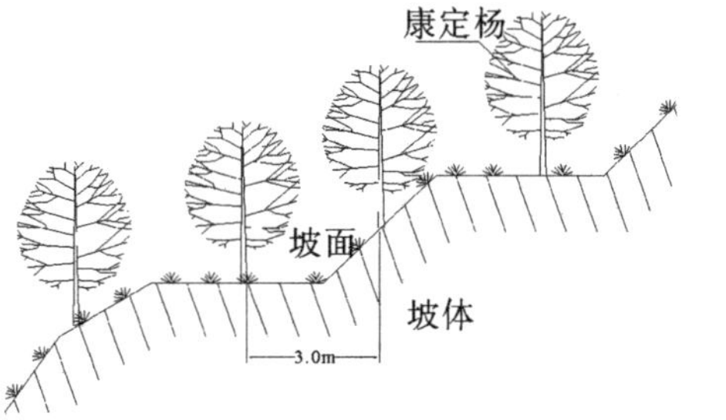

种植配置立面示意图

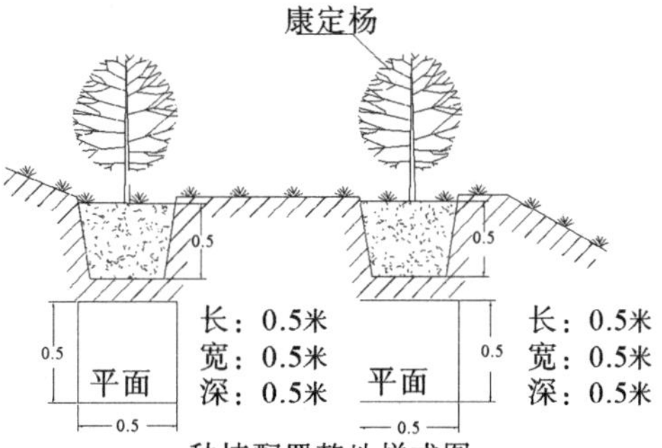

种植配置整地样式图

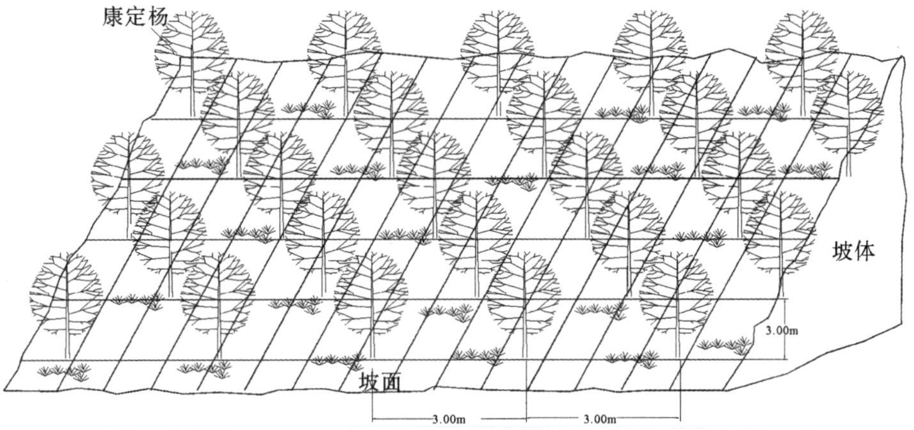

种植配置透视示意图

配置模式说明：

1. 株行距：康定杨3.0米×3.0米
2. 栽植密度：康定杨1 111株/公顷
3. 配置方式：品字形配置

康定杨+牧草模型配置模式图

典型设计号：04

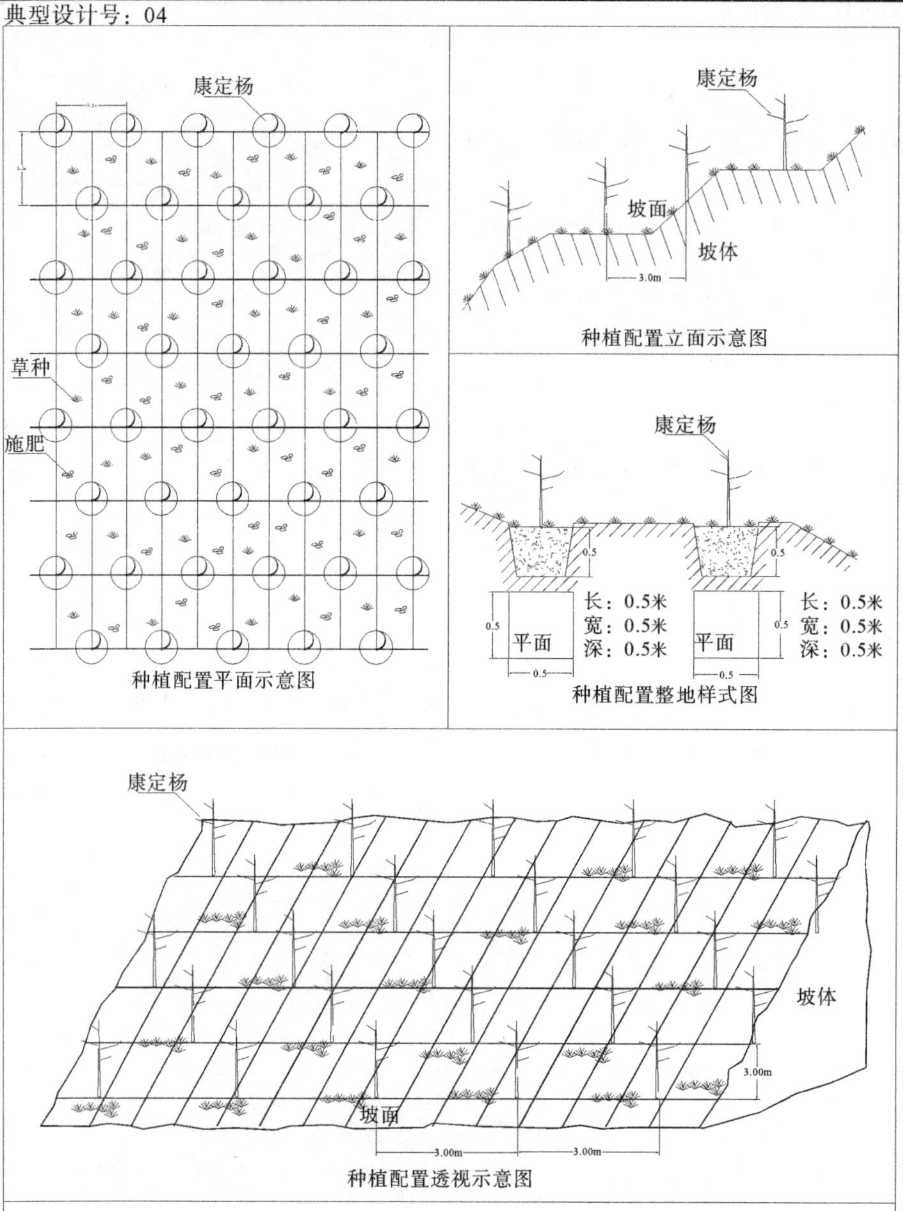

配置模式说明：

1. 株行距：康定杨3.0米 × 3.0米
2. 栽植密度：康定杨1 111株/公顷
3. 配置方式：品字形配置

康定杨+牧草模型配置模式图

典型设计号：05

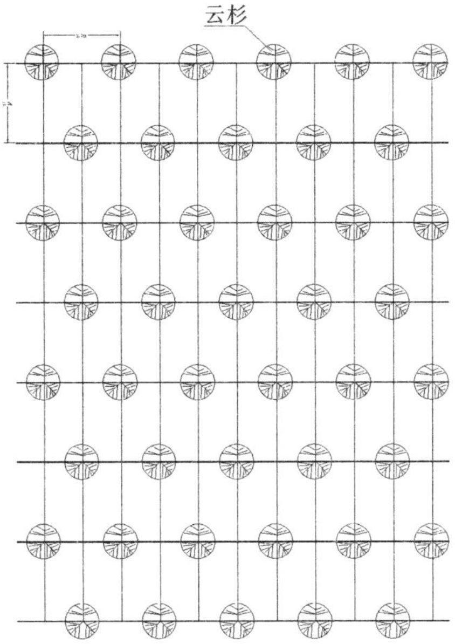

种植配置平面示意图

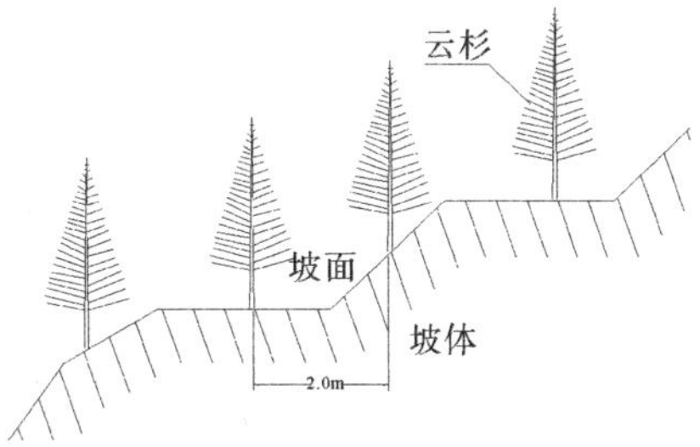

种植配置立面示意图

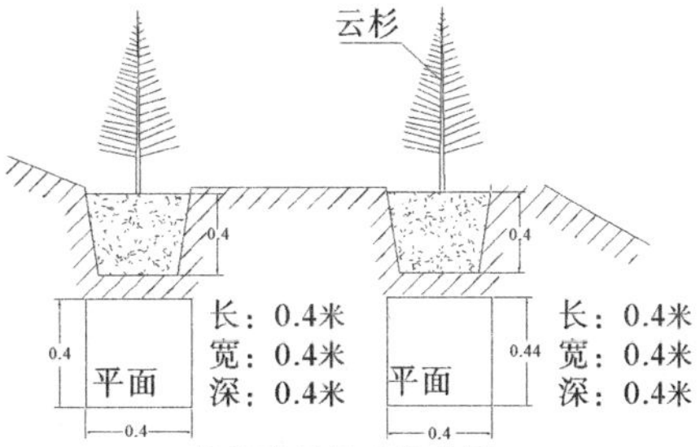

种植配置整地样式图

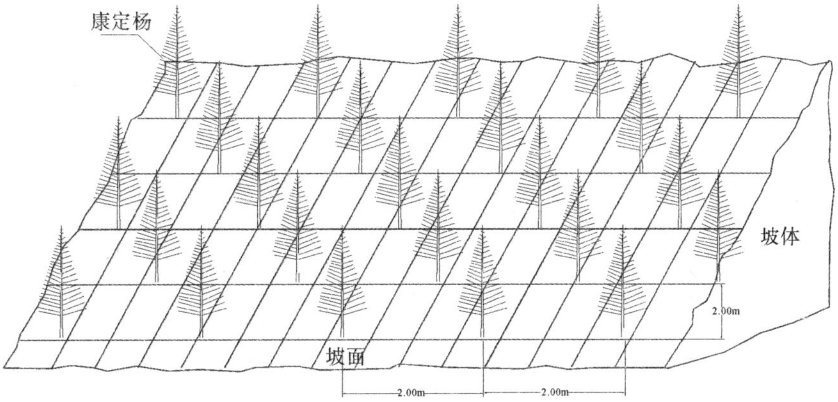

种植配置透视示意图

配置模式说明：

1. 株行距：康定杨2.0米 × 2.0米

2. 栽植密度：康定杨2 500株/公顷

3. 配置方式：品字形配置

云杉纯林模型配置模式图

典型设计号：06

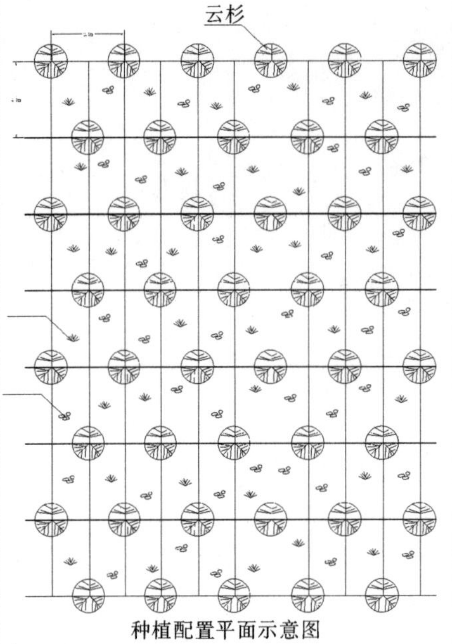

种植配置平面示意图

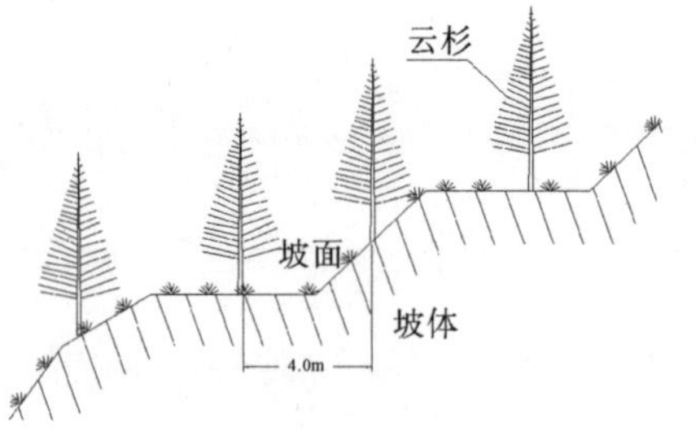

种植配置立面示意图

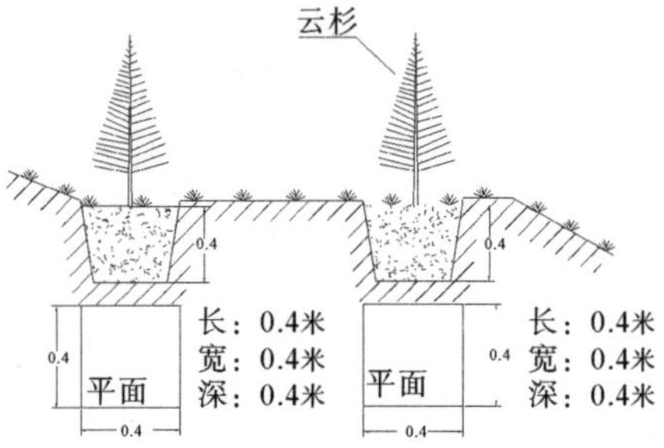

种植配置整地样式图

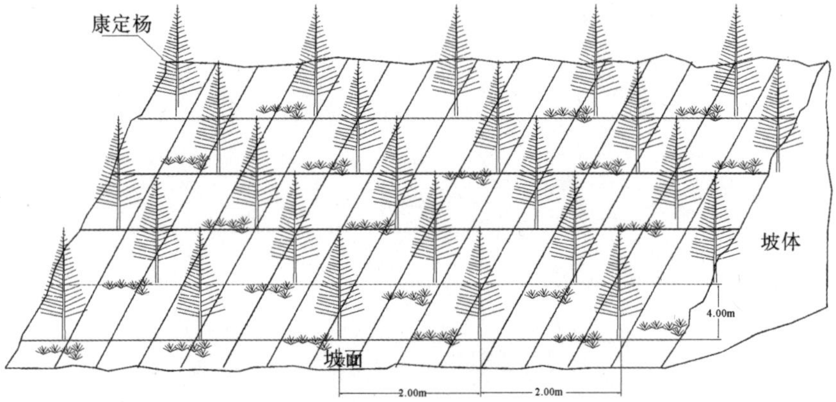

种植配置透视示意图

配置模式说明：

1. 株行距：康定杨2.0米×2.0米
2. 栽植密度：康定杨2 500株/公顷
3. 配置方式：品字形配置

云杉+牧草模型配置模式图

典型设计号：07

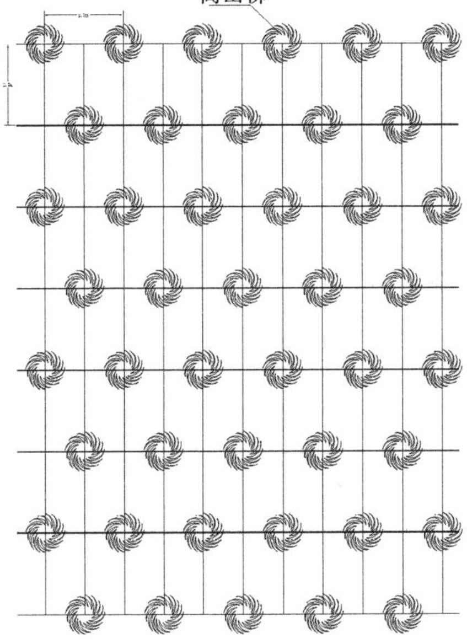

种植配置平面示意图

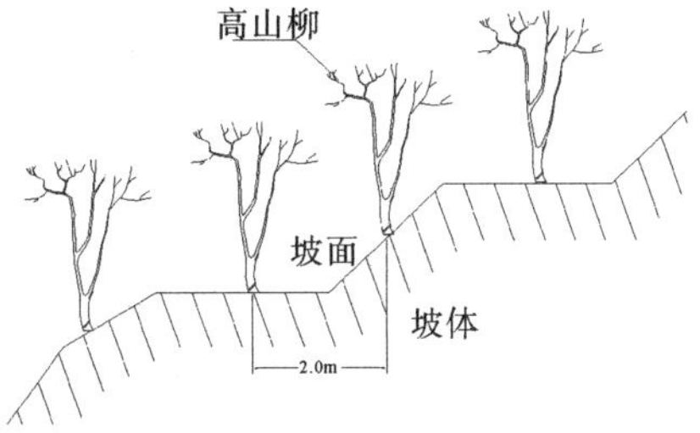

种植配置立面示意图

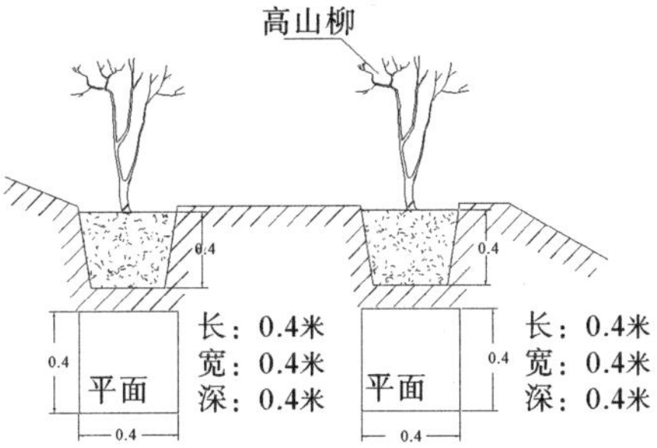

种植配置整地样式图

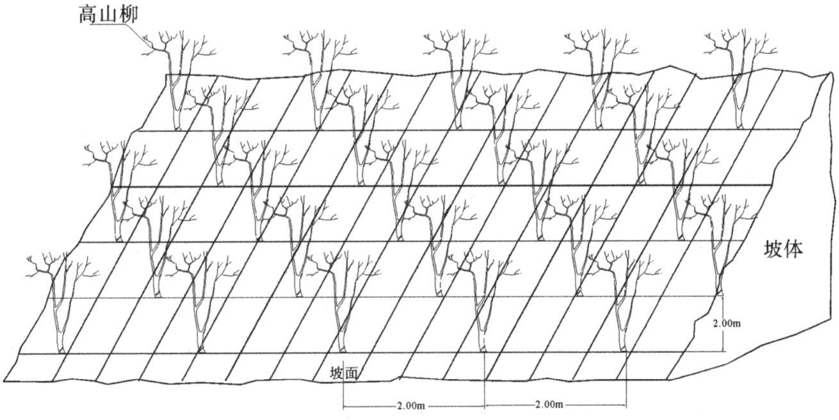

种植配置透视示意图

配置模式说明：

1. 株行距：高山柳2.0米 × 2.0米
2. 栽植密度：高山柳2 500株/公顷
3. 配置方式：品字形配置

高山柳纯林模型配置模式图

典型设计号：08

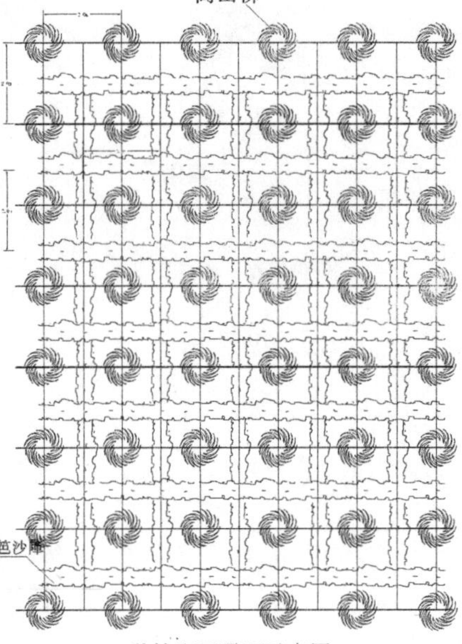

种植配置平面示意图

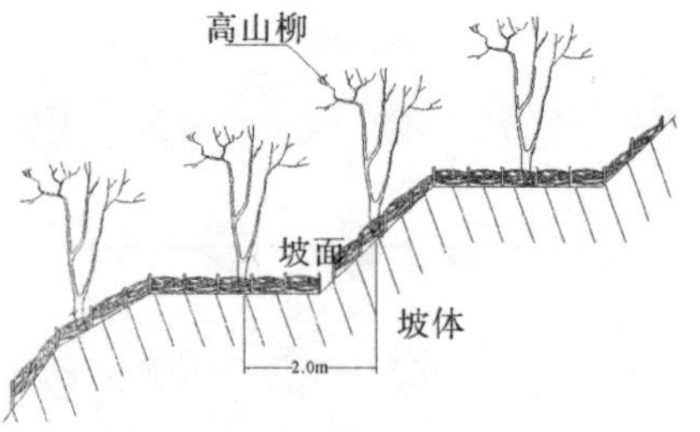

种植配置立面示意图

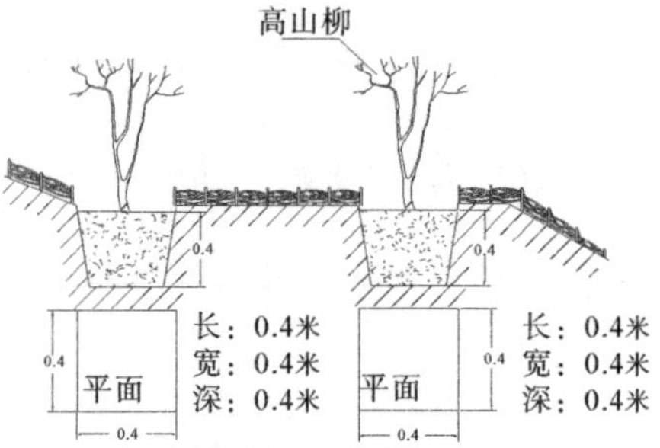

种植配置整地样式图

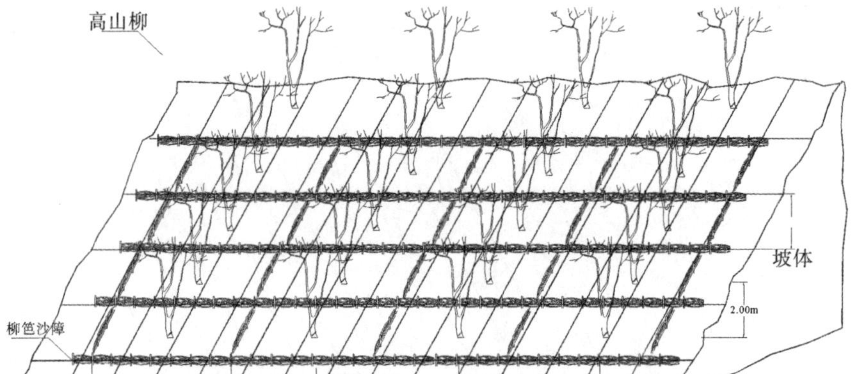

种植配置透视示意图

配置模式说明：

1. 株行距：高山柳2.0米 × 2.0米
2. 栽植密度：高山柳2 500株/公顷
3. 配置方式：矩形配置

高山柳模型配置模式图

典型设计号：09

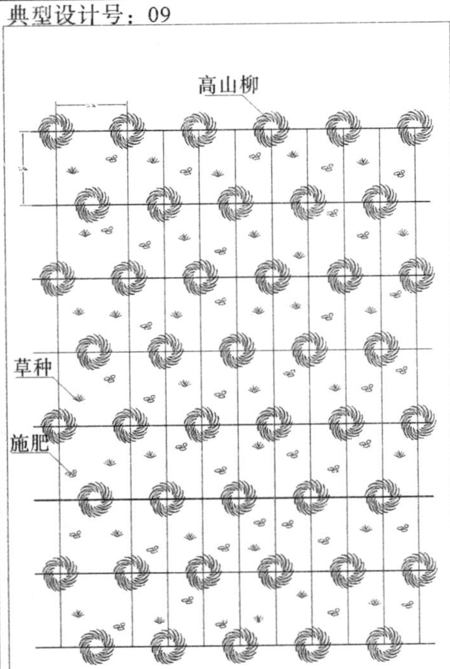

种植配置平面示意图

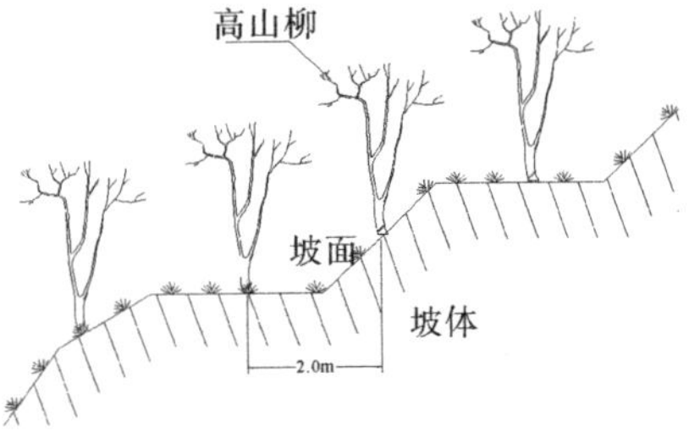

种植配置立面示意图

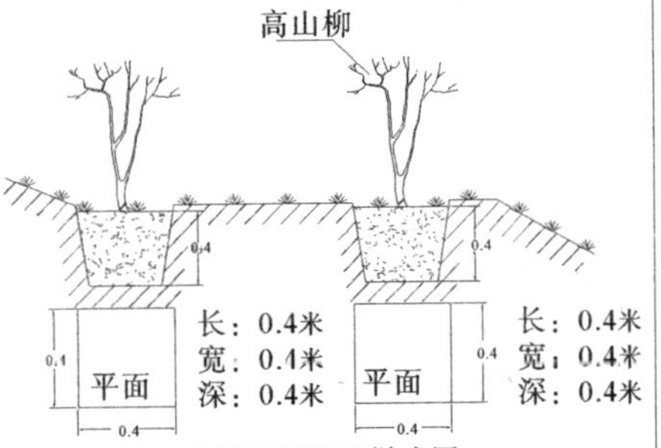

种植配置整地样式图

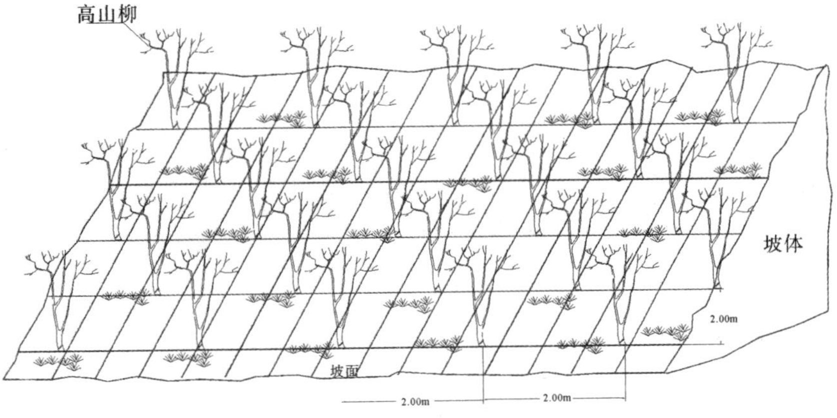

种植配置透视示意图

配置模式说明：

1. 株行距：高山柳2.0m×2.0m
2. 栽植密度：高山柳2 500株/公顷
3. 配置方式：品字形配置

高山柳+牧草模型配置模式图

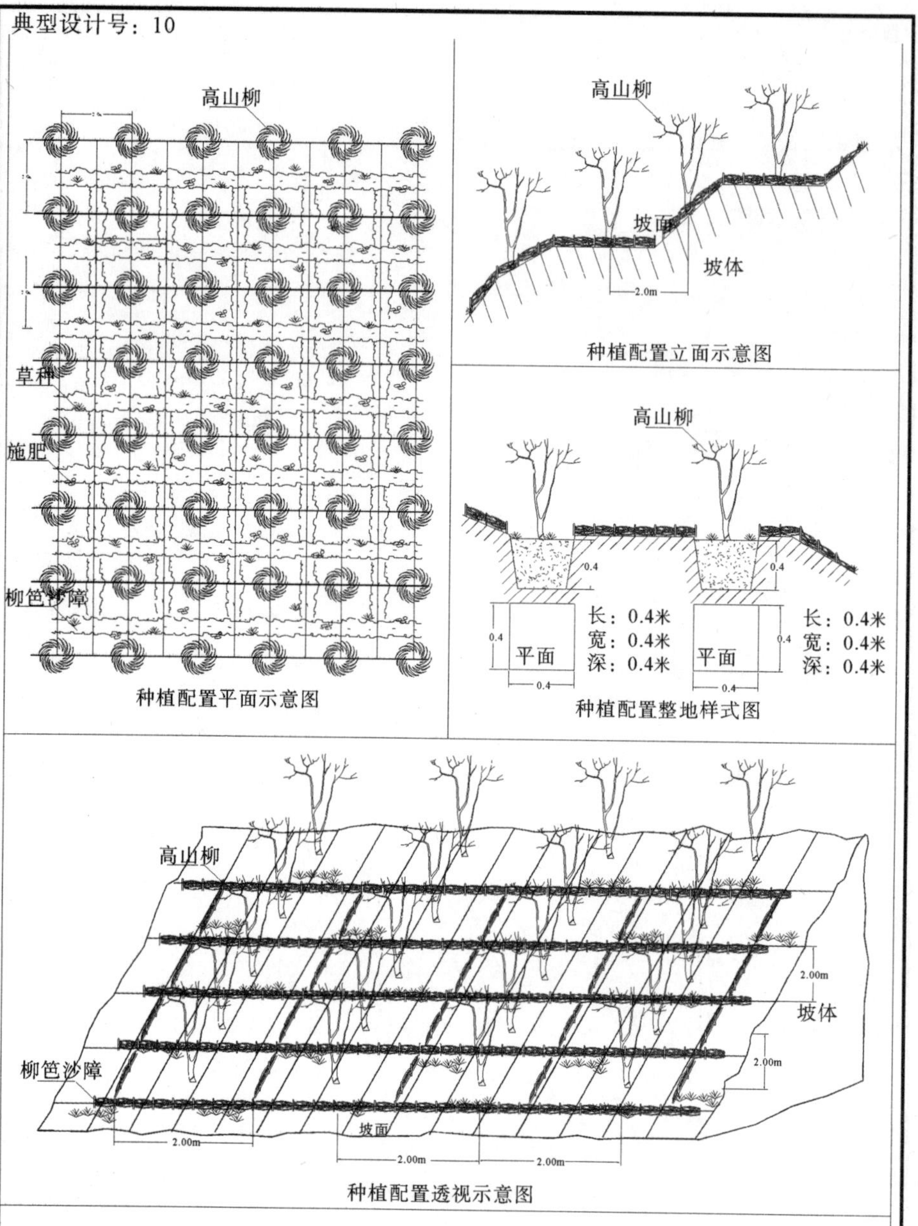

配置模式说明：

1. 株行距：高山柳2.0米×2.0米
2. 栽植密度：高山柳2 500株/公顷
3. 配置方式：矩形配置

高山柳+牧草模型配置模式图

典型设计号：11

种植配置平面示意图

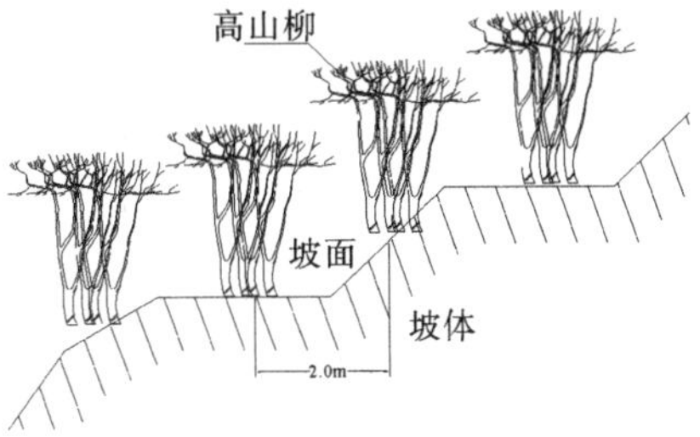

种植配置立面示意图

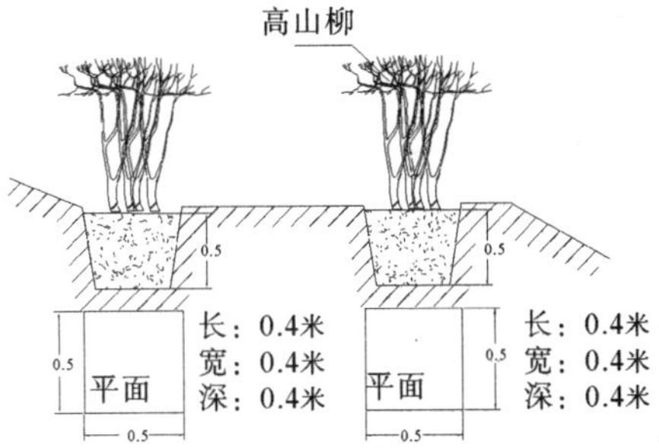

种植配置整地样式图

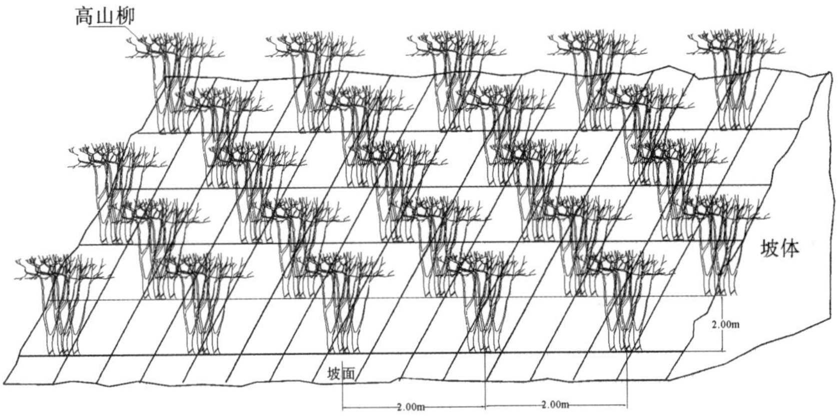

种植配置透视示意图

配置模式说明：

1. 株行距：高山柳2.0米×2.0米
2. 栽植密度：高山柳7 500~10 000株/公顷
3. 配置方式：品字形配置

高山柳丛植模型配置模式图

典型设计号：12

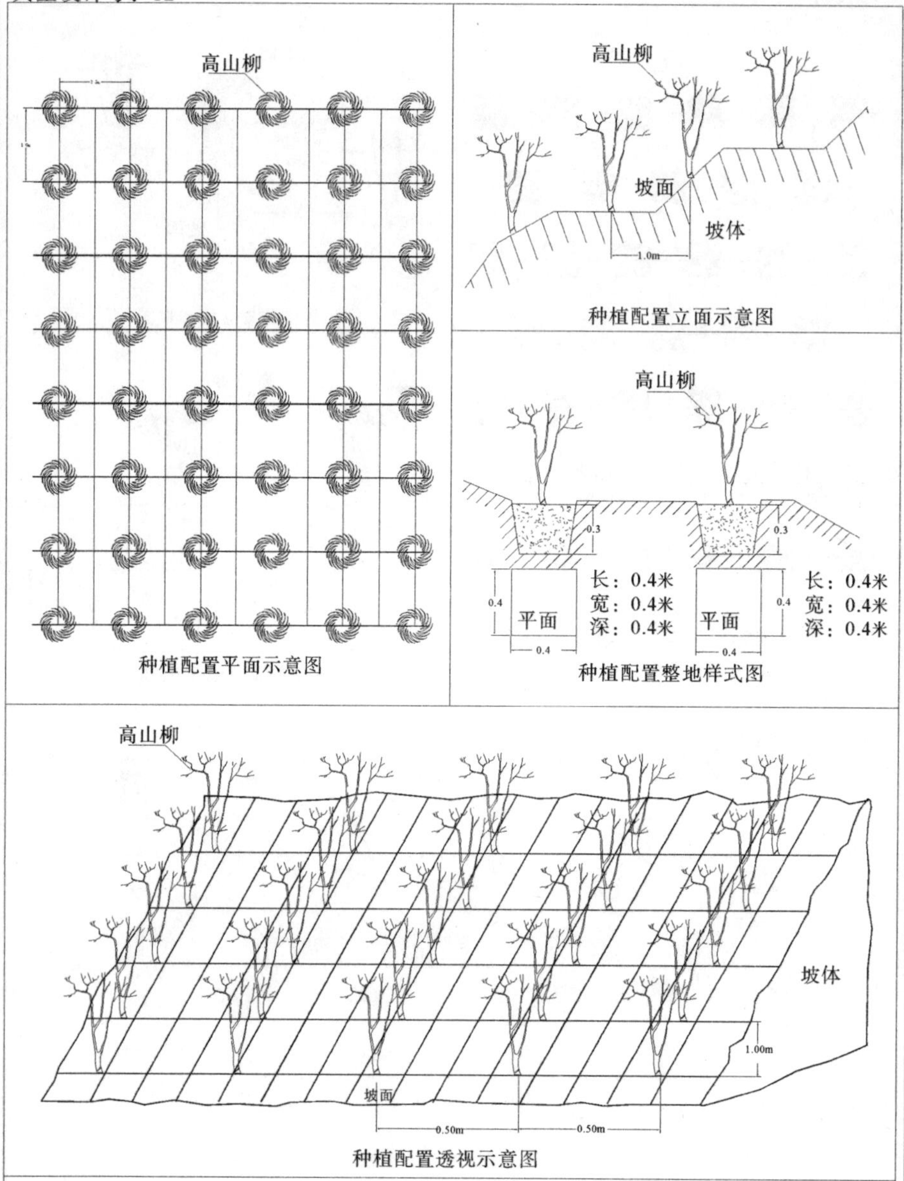

配置模式说明：

1. 株行距：高山柳0.5米 × 1米，每条林带3 ~ 5行

2. 栽植密度：高山柳20 000株/公顷

3. 配置方式：品字形配置

高山柳林带模型配置模式图

典型设计号：13

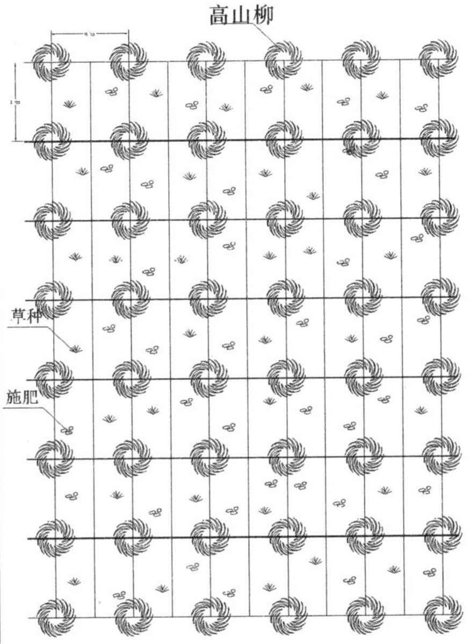

种植配置平面示意图

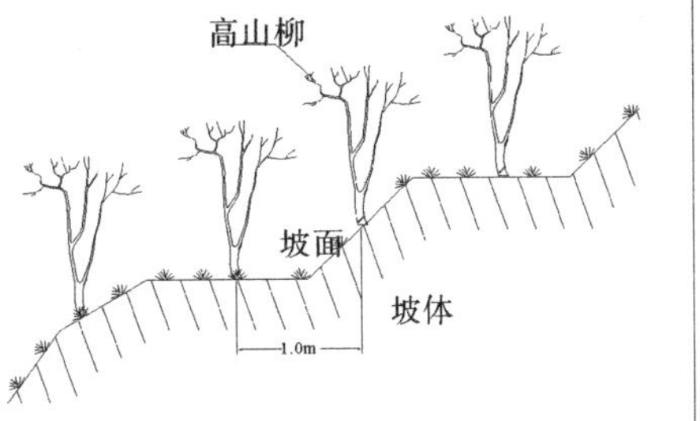

种植配置立面示意图

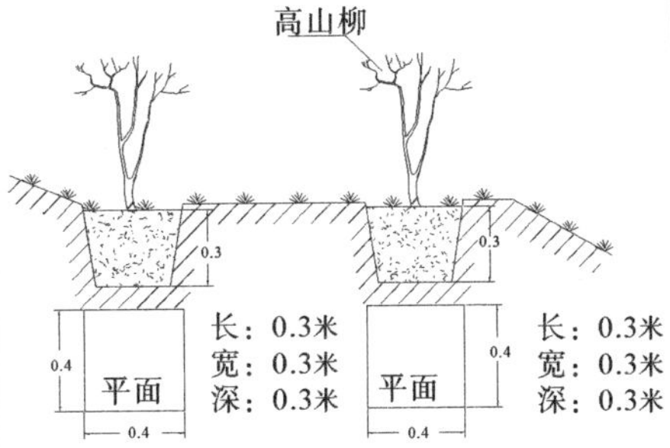

种植配置整地样式图

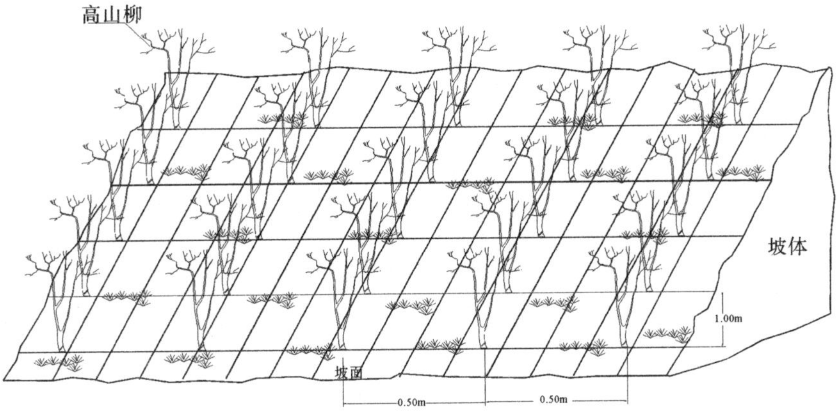

种植配置透视示意图

配置模式说明：

1. 株行距：高山柳0.5米×1米，每条林带3～5行
2. 栽植密度：高山柳20 000株/公顷
3. 配置方式：品字形配置

高山柳林带+牧草模型配置模式图

典型设计号：14

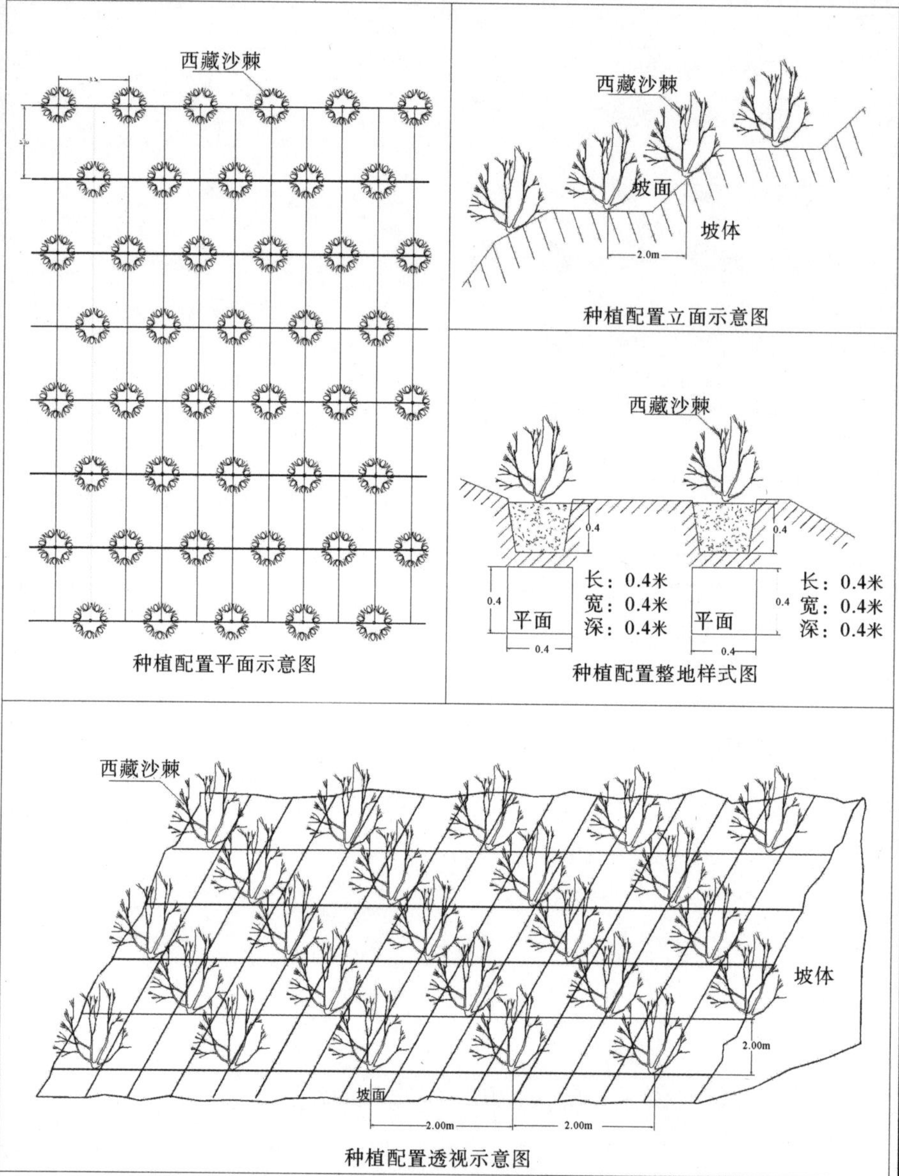

配置模式说明：

1. 株行距：西藏沙棘2.0米 × 2.0米
2. 栽植密度：西藏沙棘2 500株/公顷
3. 配置方式：品字形配置

西藏沙棘（1）模型配置模式图

典型设计号：15

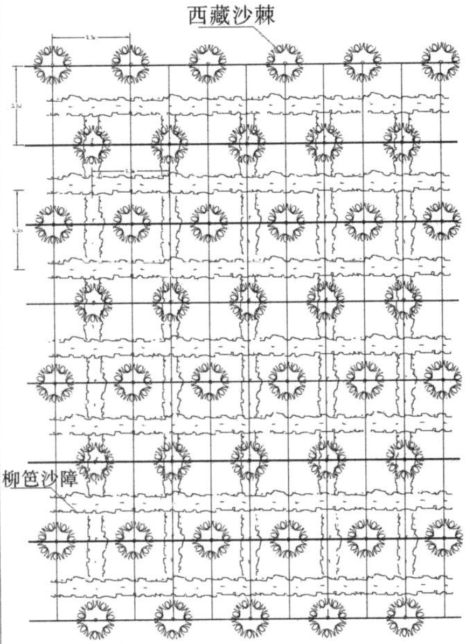

种植配置平面示意图

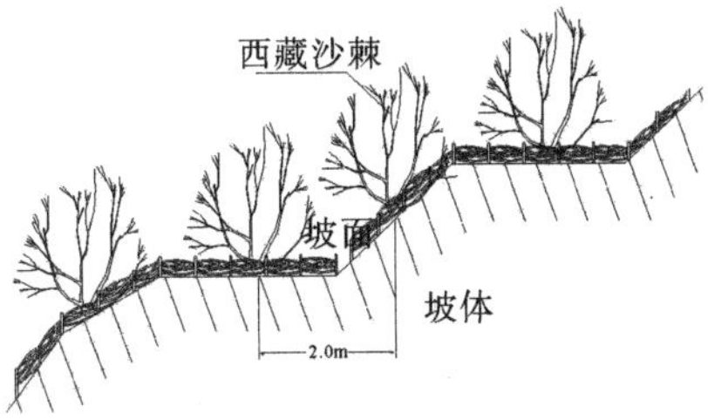

种植配置立面示意图

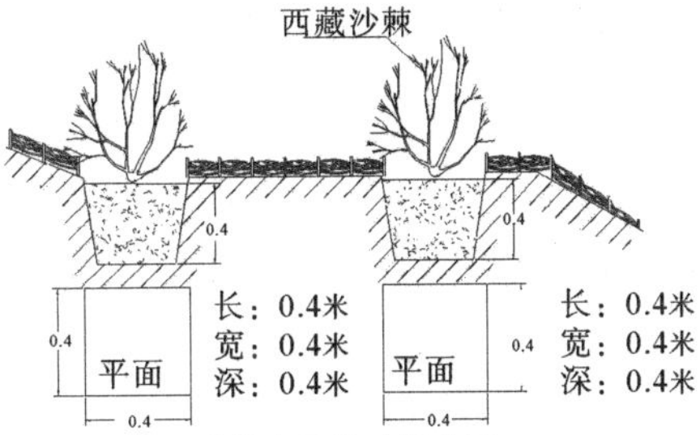

种植配置整地样式图

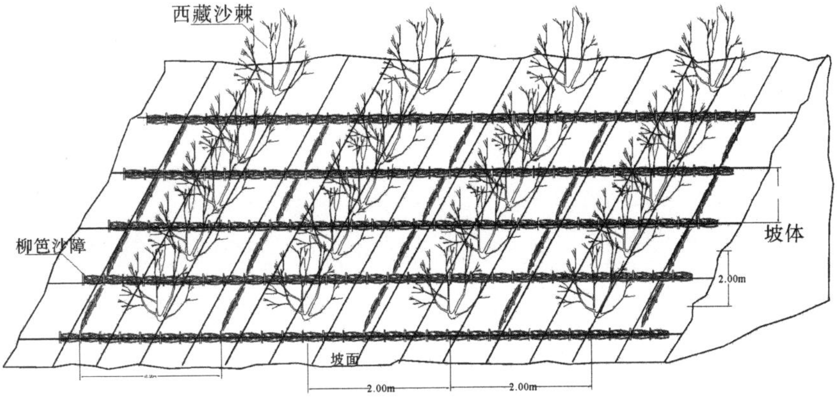

种植配置透视示意图

配置模式说明：

1. 株行距：西藏沙棘2.0米 × 2.0米
2. 栽植密度：西藏沙棘2 500株/公顷
3. 配置方式：矩形配置

西藏沙棘（2）模型配置模式图

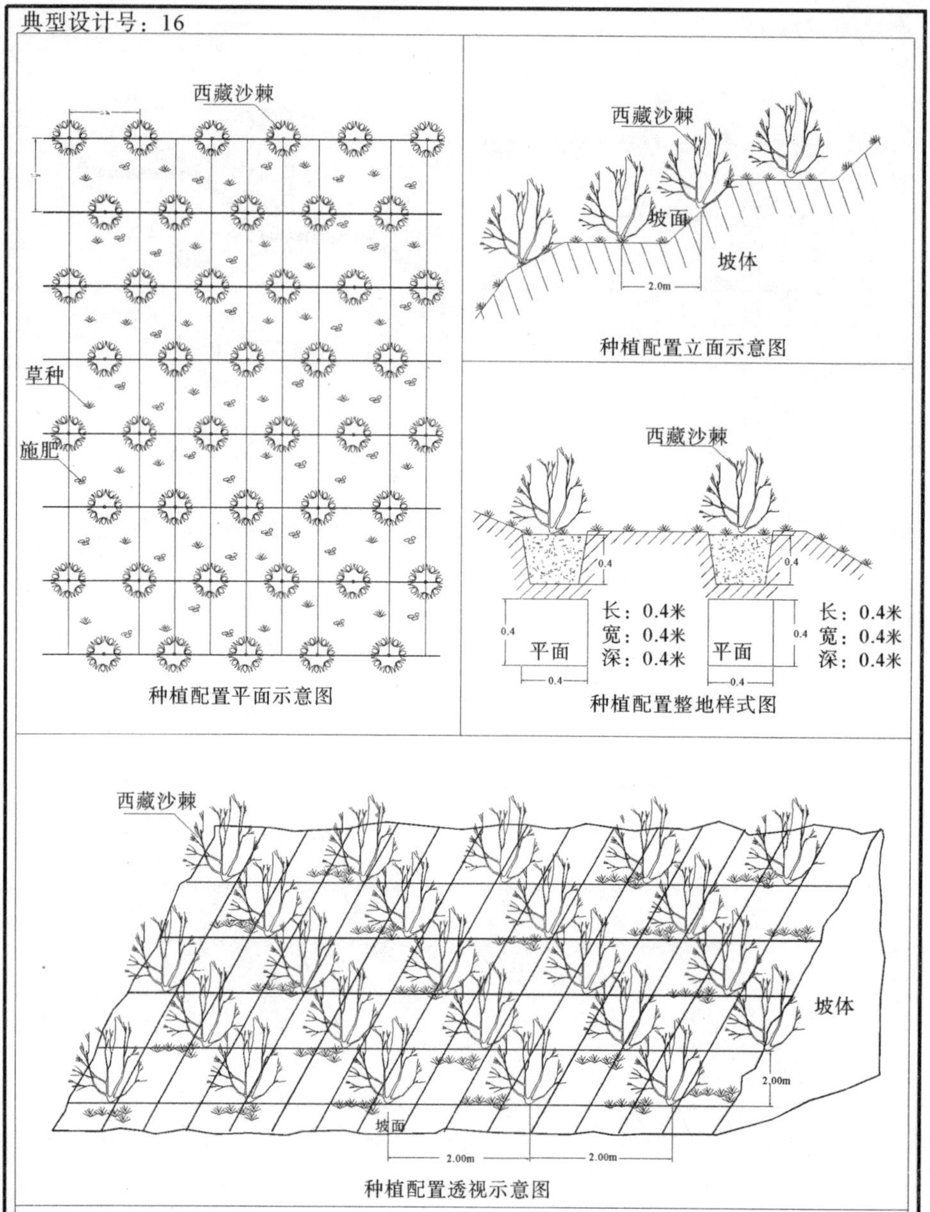

配置模式说明：

1. 株行距：西藏沙棘2.0米 × 2.0米
2. 栽植密度：西藏沙棘2 500株/公顷
3. 配置方式：品字形配置

西藏沙棘+牧草（1）模型配置模式图

典型设计号：17

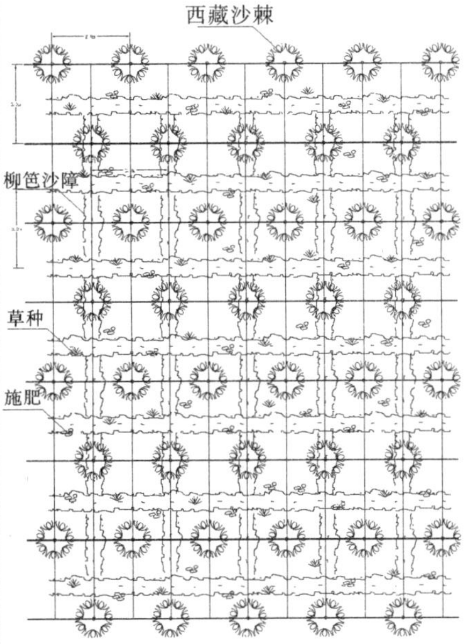

种植配置平面示意图

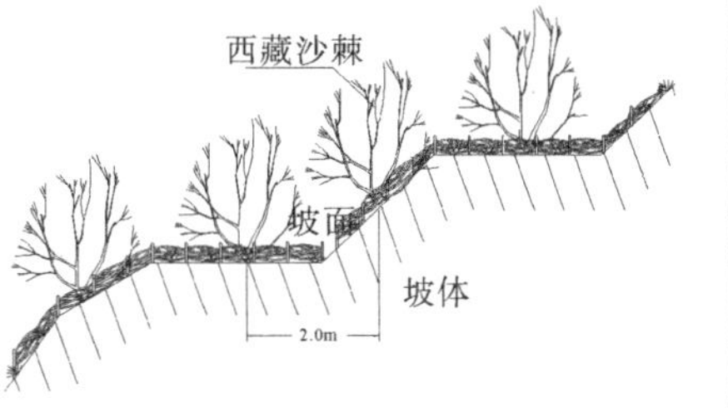

种植配置立面示意图

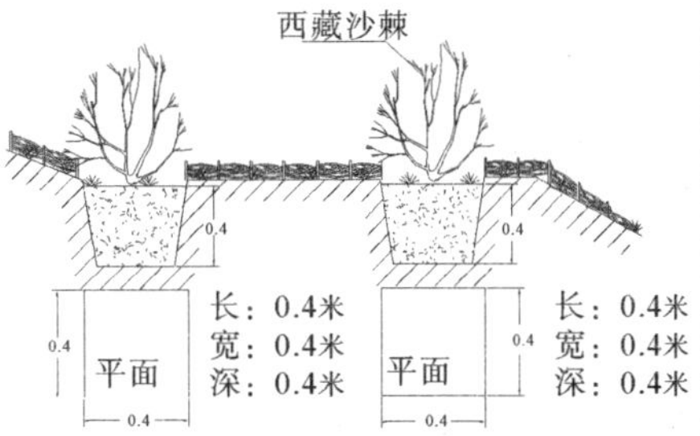

种植配置整地样式图

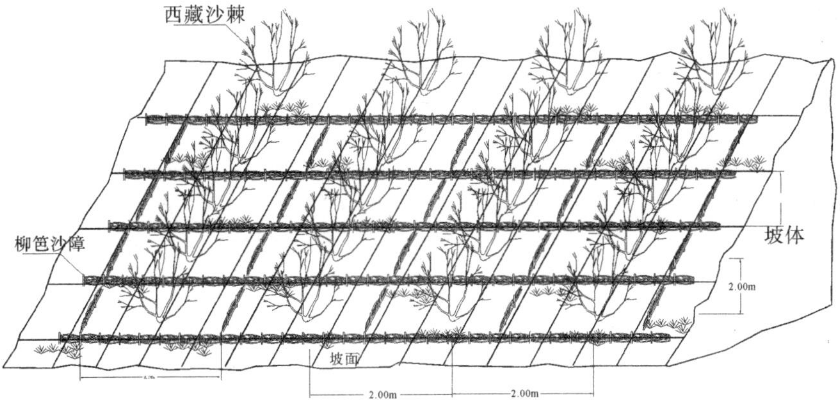

种植配置透视示意图

配置模式说明：

1. 株行距：西藏沙棘2.0米 × 2.0米
2. 栽植密度：西藏沙棘2 500株/公顷
3. 配置方式：矩形配置

西藏沙棘+牧草（2）模型配置模式图

典型设计号：18

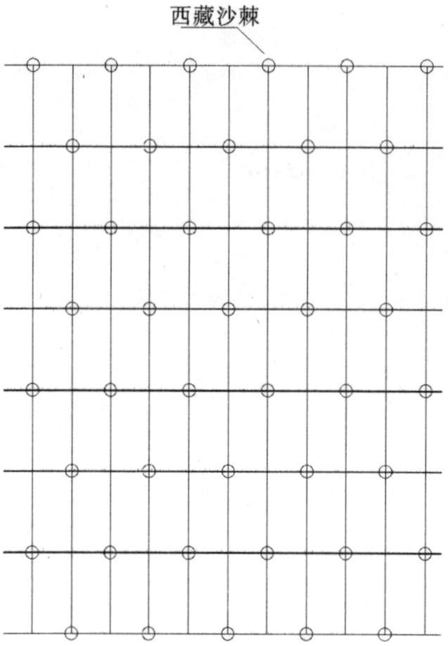

种植配置平面示意图

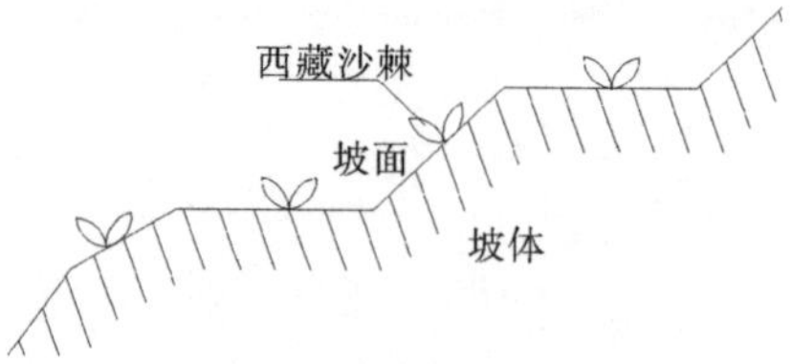

种植配置立面示意图

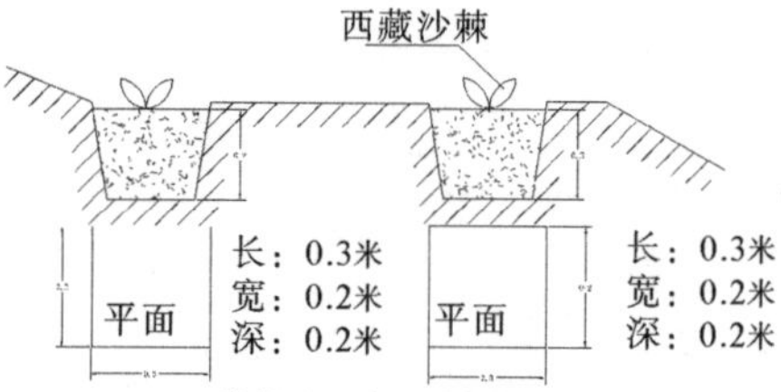

种植配置整地样式图

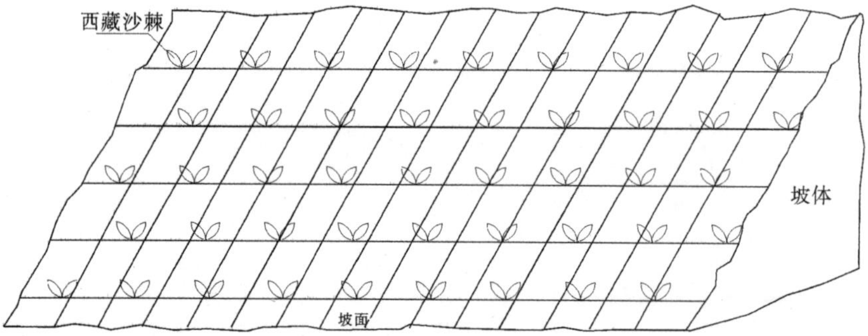

种植配置透视示意图

配置模式说明：

1. 株行距：1.0米×1.0米
2. 用种量：西藏沙棘10~15kg/公顷
3. 配置方式：品字形配置

西藏沙棘（3）模型配置模式图

典型设计号：19

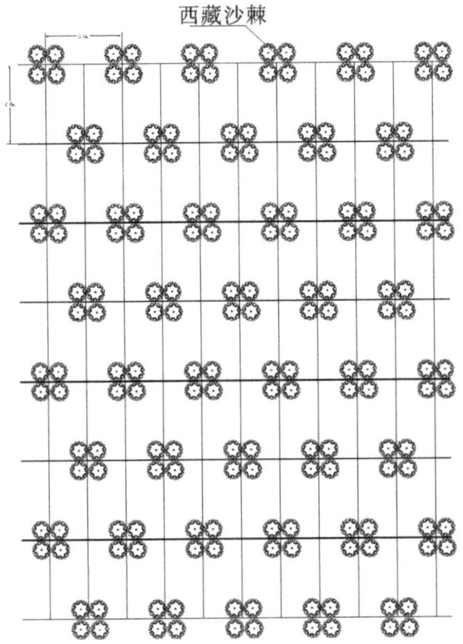

种植配置平面示意图

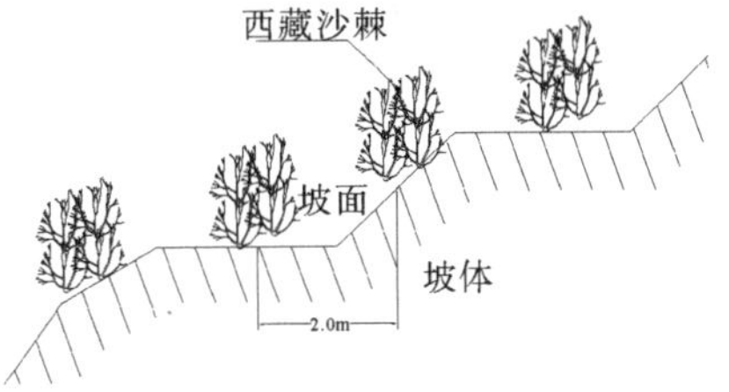

种植配置立面示意图

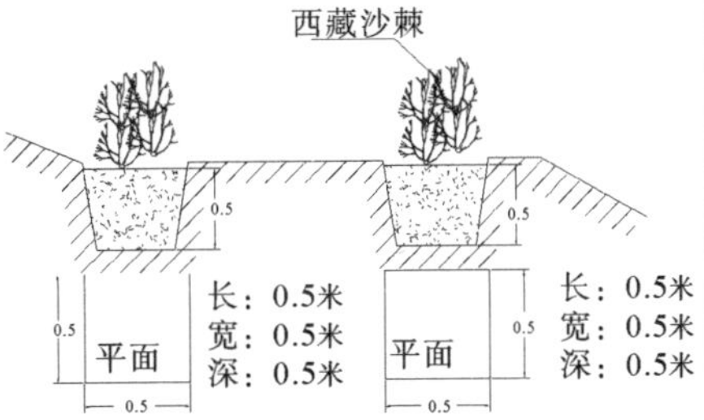

种植配置整地样式图

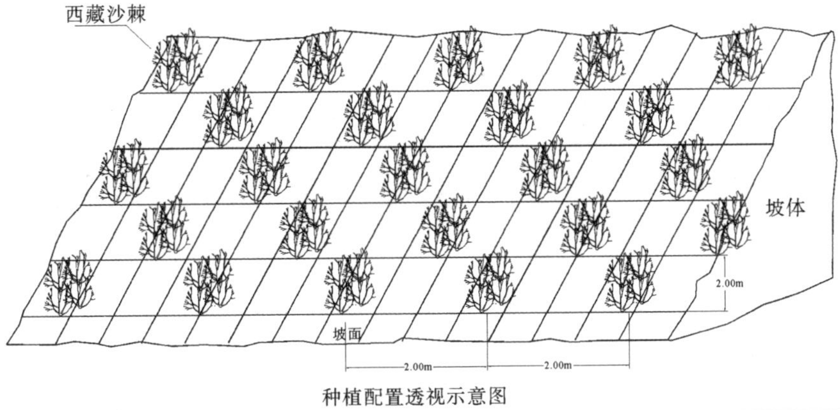

种植配置透视示意图

配置模式说明：

1. 株行距：西藏沙棘2.0米 × 2.0米
2. 栽植密度：西藏沙棘7 500~10 000株/公顷
3. 配置方式：品字形配置

西藏沙棘丛植模型配置模式图

典型设计号：20

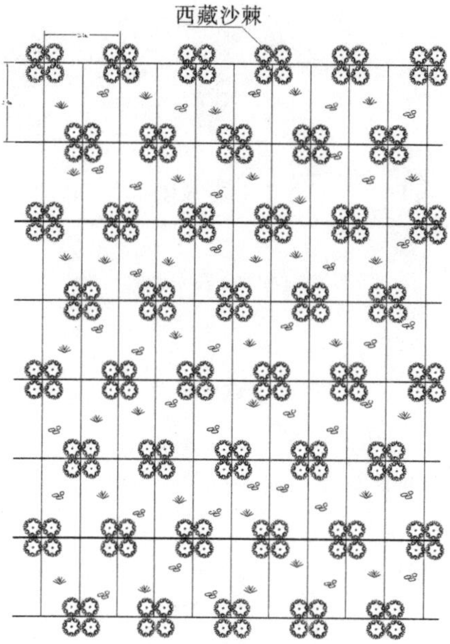

种植配置平面示意图

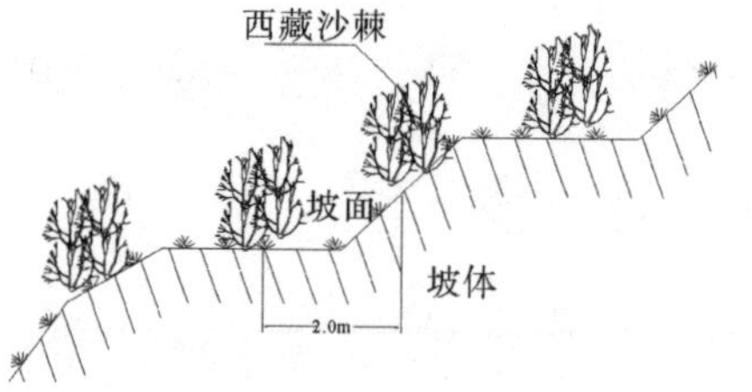

种植配置立面示意图

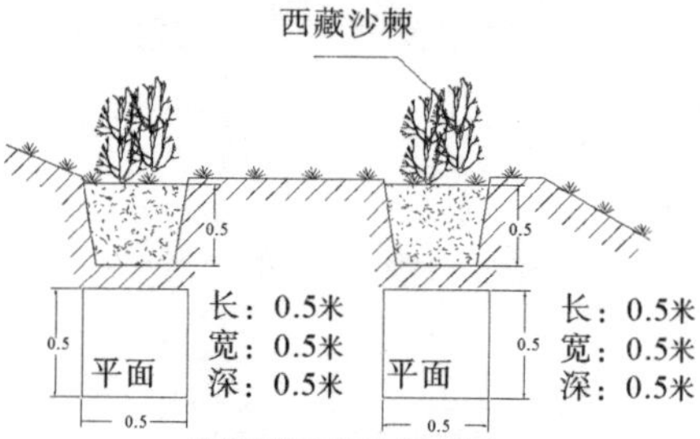

种植配置整地样式图

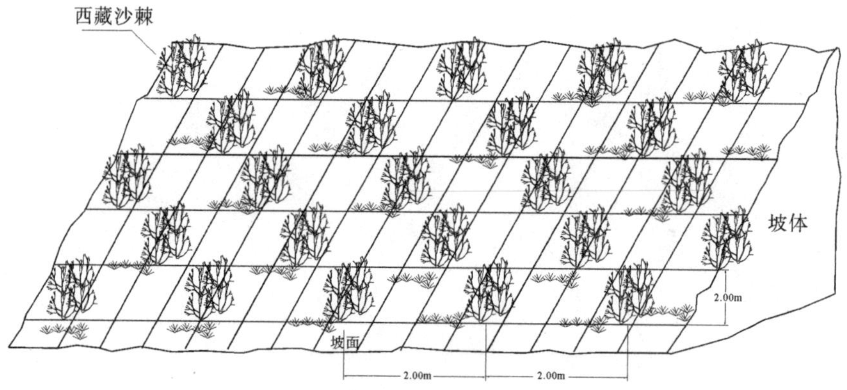

种植配置透视示意图

配置模式说明：

1. 株行距：西藏沙棘2.0米 × 2.0米
2. 栽植密度：西藏沙棘7 500~10 000株/公顷
3. 配置方式：品字形配置

西藏沙棘丛植+牧草模型配置模式图

典型设计号：21

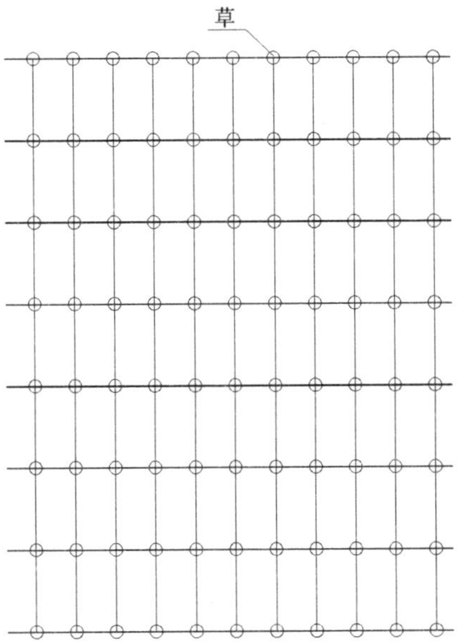

种植配置平面示意图

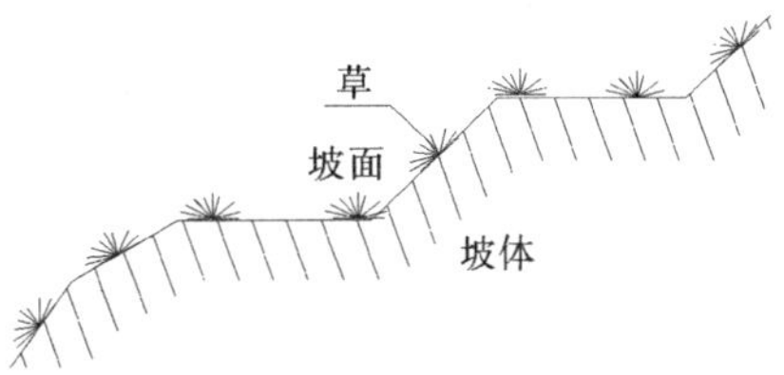

种植配置立面示意图

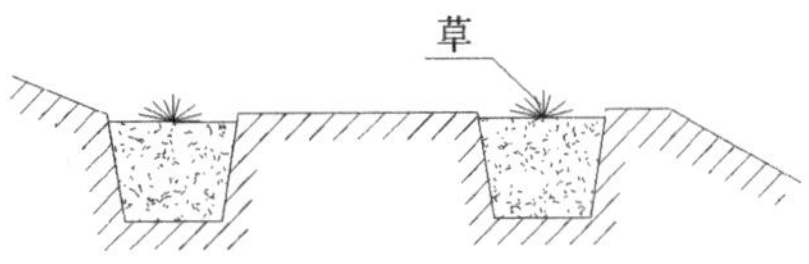

种植配置整地样式图

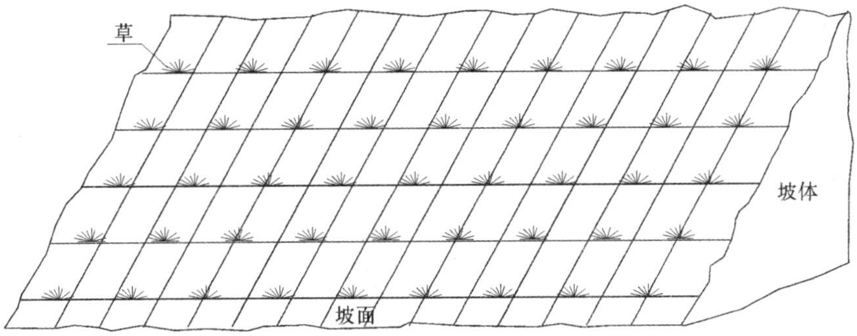

种植配置透视示意图

配置模式说明：

1. 用种量：草45~60千克/公顷

2. 配置方式：撒播或条播

草（1）模型配置模式图

典型设计号：22

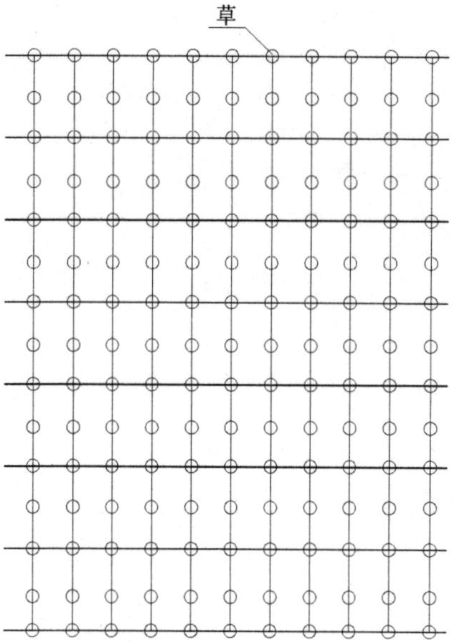

种植配置平面示意图

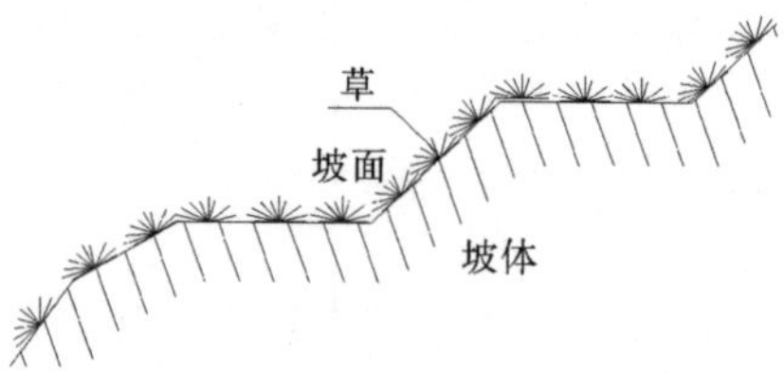

种植配置立面示意图

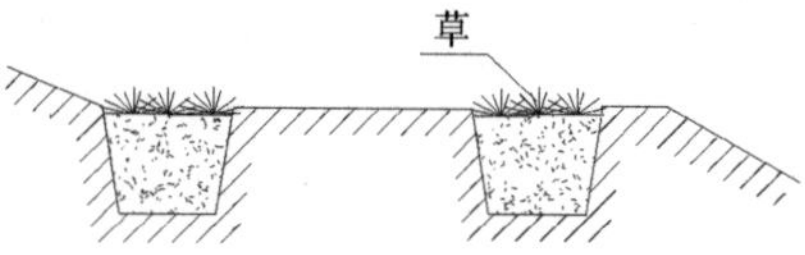

种植配置整地样式图

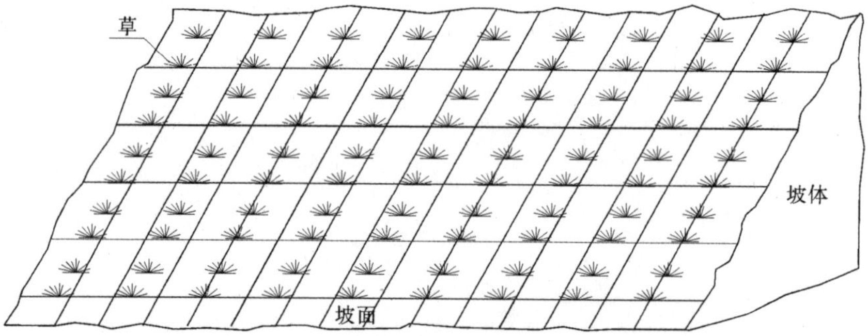

种植配置透视示意图

配置模式说明：

1. 用种量：草45~60千克/公顷
2. 配置方式：撒播或条播

草（2）模型配置模式图

典型设计号：23

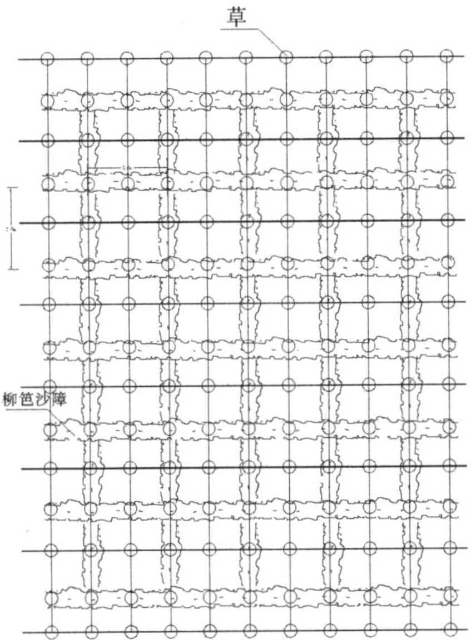

种植配置平面示意图

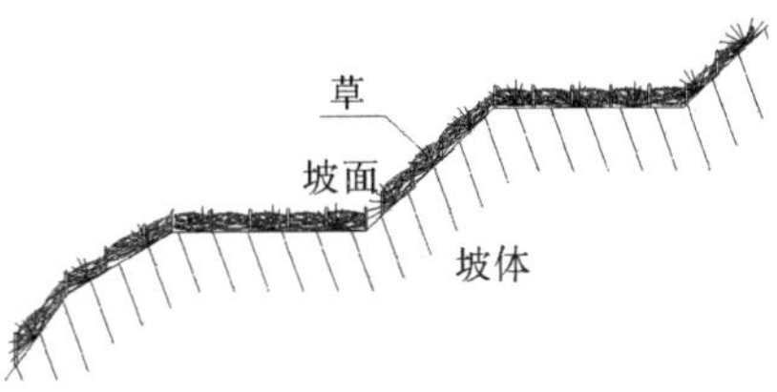

种植配置立面示意图

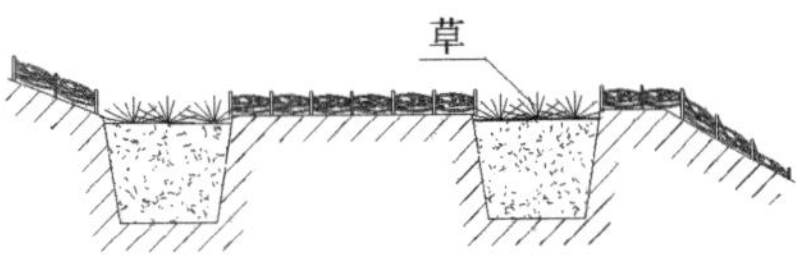

种植配置整地样式图

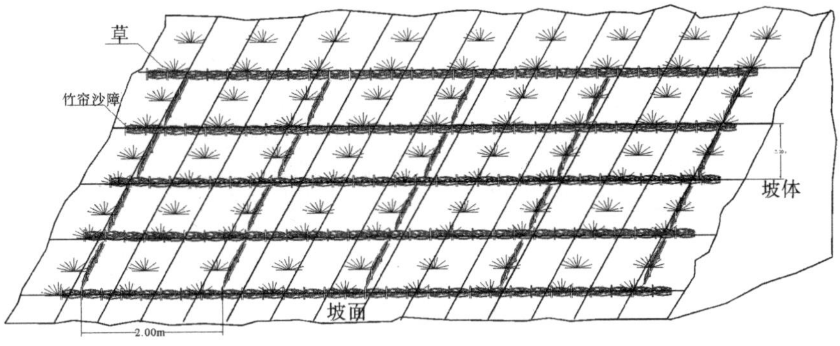

种植配置透视示意图

配置模式说明：

1. 用种量：草45~60千克/公顷

2. 配置方式：撒播或条播

草（3）模型配置模式图

典型设计号：24

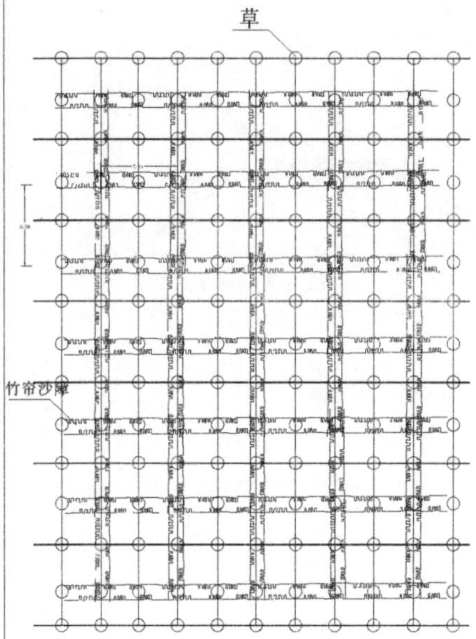

种植配置平面示意图

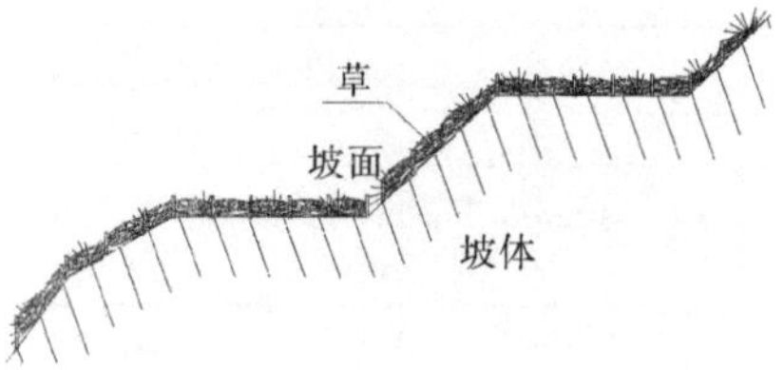

种植配置立面示意图

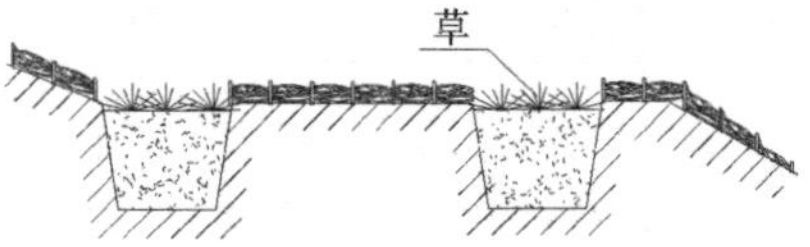

种植配置整地样式图

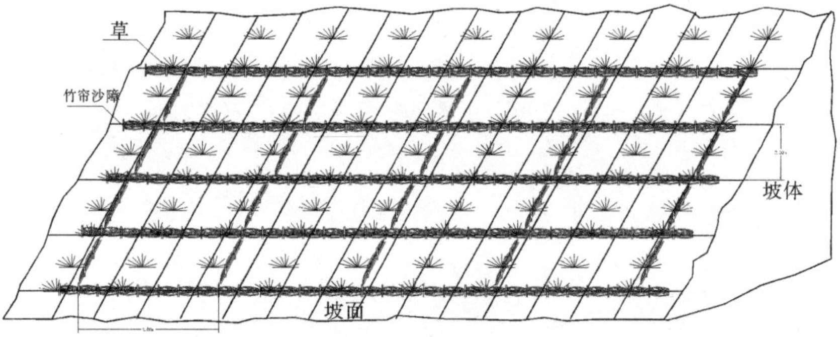

种植配置透视示意图

配置模式说明：

1. 用种量：草45~60千克/公顷
2. 配置方式：撒播或条播

草（4）模型配置模式图

后　记

该书是在四川省林业厅立项、四川省林业调查规划院承担完成的“川西北高原沙化土地治理应用技术研究与示范”课题基础上经整理、丰富、完善而成的，并受四川省人力资源和社会保障厅“2017 年度四川省学术和技术带头人培养支持经费资助项目”资助出版，在此，衷心感谢上述单位给予的大力支持！

该书是集体智慧的结晶，参与人员具体分工如下：兰立达负责全书的组织协调、提纲审定、统稿及审定工作，刘朔、兰立达主要负责撰写第一章、第二章内容，刘朔、蔡凡隆主要负责撰写第三章、第四章、第五章内容，张军负责第二章和第三章的彩图绘制，郑银雪负责第四章模型典型设计配置图绘制，蔡凡隆对全书修改提出了宝贵建议。在此，对所有参与人员的辛勤劳动和严谨的科研精神表示最诚挚的感谢并点赞！

同时，该书的写作离不开大量相关的调研和资料支持。我们在历次沙化监测中得到了甘孜藏族自治州 18 个县、阿坝藏族羌族自治州 13 个县林业主管部门的大力支持，特别是在典型调查、沙区植物调查、土壤调查、成效监测等工作中，得到了若尔盖县环境保护和林业局、红原县环境保护和林业局、理塘县林业局、石渠县农林和科技局的鼎力支持。在编写过程中得到了四川省林业厅吴宝珍、若尔盖县环境保护和林业局左林、理塘县林业局四郎泽仁、红原县环境保护和林业局蒋加兵及四川省林业调查规划院朱子政、周立江、陈家德、刘凯等领导、专家、同事的大力支持并提出了宝贵意见，在此一并表示深深的谢意！

编者

2018 年 6 月 30 日